人生の後半戦を思いっきり楽しむために

50歳からのリセット整理術

予約のとれないカリスマ整理収納アドバイザー
お片づけコンシェルジュ

中山 真由美

はじめに

”モノ“はその人が生きてきた証であり、家の状態はあなたの心を現しています。生きてきた年数分、モノは多くなっていきますが、同じように、部屋の持ち主が経験する喜びや悲しみ、迷い、葛藤なども増えていきます。

お片づけコンシェルジュの仕事を始めて8年。最近、アラウンド50代のお客様からの依頼が多くなり、片づけのお手伝いをするかたわら、お子様の将来やご夫婦間の悩み、これからの暮らし方などについて、相談を受けるようになりました。

最初に申し上げたように、人の心と部屋のあり様はリンクしています。ですから、不要なモノを減らして部屋を片づけても、人間関係のトラブルや仕事の悩みなどを抱えたままだと、必ずというくらいリバウンドして元の状態に戻ってしまいます。

反対に、片づけで暮らしの効率がよくなったら、自分の時間ができて気持ちが前向きになり、子供が独立した後の生活が楽しみになった、という主婦の方もいます。

私たち、お片づけコンシェルジュにとって、部屋をキレイにすることだけが仕事ではあ

りません。お客様の頭の中がスッキリとなるように、考え方の交通整理のお手伝いをすることも役目だと思っています。

「片づけるとは〝捨てる〟ことですか？」と聞かれることがよくありますが、それは間違いです。片づけとは、増えすぎてしまったモノの中から、自分や家族にとって必要なモノ、大切なモノを〝選ぶ〟ことであり、それを使いよく収めることです。ですから、初めてのお客様の場合、まず、「今の悩みは何ですか？　これからどんな暮らしをされたいですか？」と、伺うことからスタートします。

子育てが終わり、定年後の生活が視野に入ってくる……50歳は大きな転換期であり、人生を見つめ直す絶好のチャンスです！　すなわちそれは、お片づけのタイミングでもあります。長い間にたまった捨てそびれたモノや、あることさえ忘れていたモノを一掃し、今後の時間を豊かに過ごすために、心と暮らしを整えてみてはいかがでしょうか。そのためのお手伝いを、ぜひ私にさせてください！

本書には、２０００軒以上のお宅の片づけから得た知識とノウハウ、心構えがギッシリと詰まっています。これを実践すれば、心も暮らしもスッキリした〝上質のセカンドライフ〟を、必ず手に入れることができます！

もくじ

Part 2

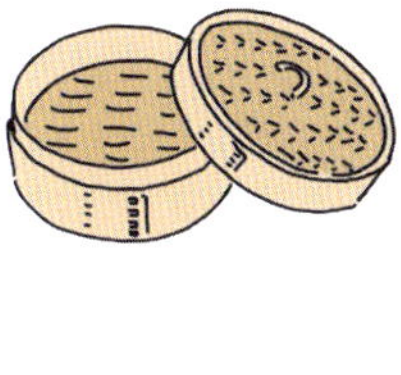

Part 3

知っておくと便利な片づけの情報 106

もっと効率よく進めるために

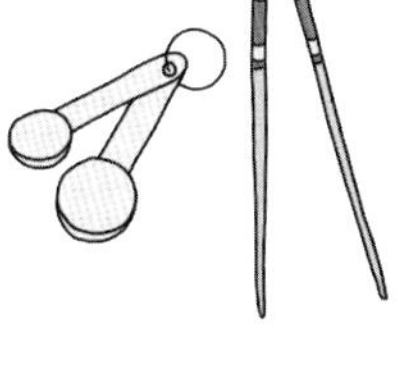

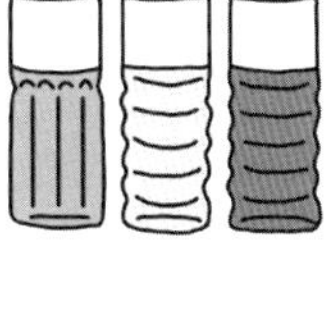

あなたの家に必要なのは？

4組のアラウンド50が挑戦した 10年後もキレイが続くお片づけ

Part2（P40～）では、4組のアラウンド50が、第二のステージを前向きに過ごすための、"リセット片づけ"&収納にトライしています。みなさんも、ぜひ片づけに取り組んでください。

Before

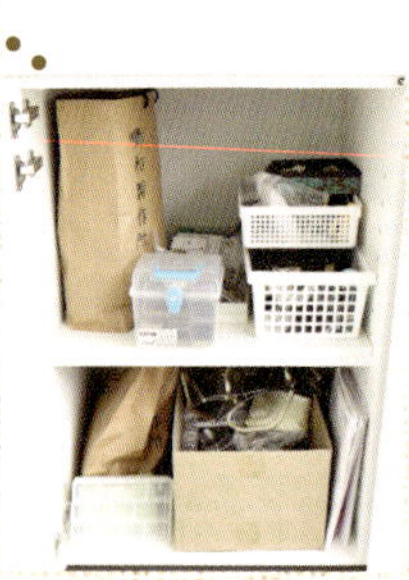

After

収納グッズを使って 趣味用品 を 出し入れしやすく

子供の独立や結婚をきっかけに暮らしのあり方を見直して、新たな生き甲斐を見つけたいと考え始めるのが50代。特に、バブル時代の活気を経験して好奇心旺盛なアラフィフ女性は、習い事や資格の取得を通じて自分を磨くことにとても前向きです。お稽古を楽しむためのスペースや収納にも、工夫を施しましょう。本書では、女性に人気の"手づくり"用品の上手な収納法をご紹介します（P76～）

Before

After

年齢とともに変わる 着こなしに合わせて クローゼット をリセット

アラウンド50は体型が変化して今までの服が合わなくなる、子供の独立や結婚をきっかけに外に出る機会が増える……などの理由で、ワードローブが揺らぎ始める時期です。そろそろ卒業かな？と迷っている服と、今後を考えて用意したい服が混じり合い、クローゼットがぱんぱんに。3～5年後を見据えた、クローゼットのリセット術をお伝えします（P42～）

独立した子供の部屋を自分の書斎に変える

Before

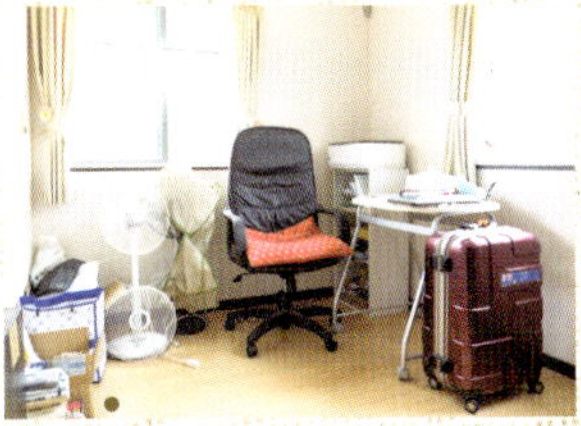

独立、または結婚したお子さんの部屋をどうしていますか。「時々、帰ってくるから」と子供部屋はそのままにして、リビングの隅で趣味の手づくりをしたり、パソコンを広げているご家庭がとても多いのです。子供の独立は親子が互いに自立するいい機会。お子さんとよく話し合って、子供部屋を自分のための空間に変えてはいかがでしょうか（P54～）

After

使い勝手のいいキッチンで家事負担を減らす

Before

年齢を重ねるにつれて、負担が大きくなってくるのが、キッチンでの“立ち仕事”です。調理器具や食器を取り出すためにつま先立ちになったり、しゃがんだり。こうした動作は毎日のことだけに体に響いてきます。また、記憶力の衰えを考慮して、ストックの食材や調味料がひと目でわかり、重複買いを防ぐ保管の仕方も必要に。年をとってもラクに作業ができるキッチンを目指します（P64～）

After

第二の人生を充実させて！

2000軒を超えるお宅をスッキリ！
カリスマお片づけコンシェルジュ

中山 真由美

こう言うとみなさん驚かれるのですが、若い頃の私は片づけることが苦手でした。タンスの中がゴチャゴチャで、あわてて着たために服が裏返しのままデートに行って彼に驚かれたり、新婚早々、婚約指輪を家の中で紛失して大騒ぎになったこともあります（翌日、見つかりましたが）。

家が汚いと、人の心は穏やかではいられないのでしょうか。結婚生活がうまくいかなくて実家に戻った私は、ある日突然、「今の生活を変えて新しい自分になりたい！それにはまず、この〝汚部屋〟を何とかし

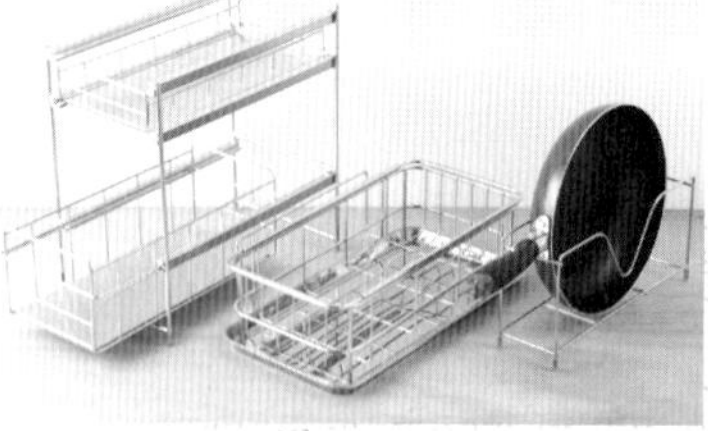

企業とコラボ、
商品開発も手がける

新築マンションの収納の監修を手がけたり、シンプルでおしゃれな生活用品を販売するケユカ、三井不動産レジデンシャルと収納グッズを共同開発したり（写真はフライパン立て、水切りトレイ、シンク下収納）、企業とのコラボも盛ん。

予約のとれないカリスマ
お片づけコンシェルジュ

８年前、（株）インブルームに整理収納サービス部門を立ち上げ、お片づけコンシェルジュとして活動開始。2000軒以上の家庭を訪れて収納の悩みを解決し、わかりやすい理論と真摯な対応が人気を集めています。

なければ！」と思い立ちました。

不要なモノはすべてゴミの山になりました！　暮らしに必要のないモノが一掃されて、スッキリ広々としたわが家を眺めた時の心地よさ、あの時に味わった心の透明感が今も忘れられません。

そんな私が、お客様のお宅に伺って片づけのお手伝いをしたり、整理収納の本を出したり、企業と提携して片づけのセミナーや収納用品の開発を行ったりしています。

片づけベタに悩むみなさんにぜひお伝えしたいのは、〝片づけの落第生〟だった私でも、整理収納が好きになれたということです。今の生活を変えたい、スッキリした生活をしたいと本気で望んでいれば、必ずお片づけ上手になれます！

セミナーやお片づけスクールも

企業からの依頼でお片づけセミナーの講師としても活躍。週末は全国各地を飛び回っています。収納のプロを目指す人たちに実践的な指導をする、〝お片づけスクール〟の立ち上げも。

片づけの本の執筆

女性誌『LEE』に掲載された片づけの特集が大人気に。その連載をまとめた著書『心も整う「捨てる」ルールと「しまう」ルール』をはじめ、簡単に実践できる整理収納アイデアが詰まった著作を多数執筆。

お片づけの極意 no. 1

体を動かして片づけを始める前に、
以下の３つを行ってください。
① 今の自分の問題点を考える。
② なりたい自分をイメージする。
③ 片づける場所の優先順位をつける。
明確な目標を持って進めることが、
片づけを成功させる秘訣です。

アラウンド50に
なったら始めよう！

今こそリセットの
タイミングです！

片づけを効率よく進めるために
知っておきたい、“モノ”の持ち方や、
部屋を整理する手順、しまい方の
ルールなどを解説します。

Part 1

本気で家を片づけたいですか？

今、この本を手に取っているみなさんは、過去に何度もわが家の片づけにチャレンジして、成功と失敗を繰り返してきた方ではないでしょうか。

かくいう私も、子供の頃から片づけが苦手で、何度も自分の部屋を片づけようとしては、失敗を重ねていました。結婚して主婦になってからも、家の中はゴチャゴチャに散らかったまま。何とかしようと収納を増やしては、また荷物が増える……という悪循環の繰り返しです。部屋のあり様と人の心は密接に繋がっていますから、やがて結婚生活はうまくいかなくなり、30歳で子供二人を連れて離婚しました。

その頃です。これまでの生活をリセットしたい、人生を変えたい、そのためにも、散らかった部屋を何とかしなければ、と強く心に誓ったのは。

知人の整理収納アドバイザーに片づけの基本を教わりながら、処分した不要品の量は、なんと2tトラック1台分になりました！

それだけのガラクタがわが家から消え去った時、部屋の空気はガラッと変わり、私の心

01

も秋の空のように澄みきっていました。

その後、お片づけコンシェルジュとして、さまざまな活躍の場を与えていただき、また、再婚して新しい家庭を築くこともできました。

現在の私の姿は、本気になれば、誰でも片づけを成功させられる、人生を変えられる！　という証だと思っています。

みなさんも、ぜひご自分に問いかけてください。

これから始まる第二の人生を、今までと同じように、モノに囲まれたストレスに悩まされながら暮らすのか。不要なモノを捨てて、風通しのいいスッキリした空間で、自分にもできた！　という充実感とともに生きていくのか。

決めるのはあなたです！

長い時をかけて積み重なった不要品の層をリセットするには、時間と体力が必要。本気で人生を変えたいか、まずは自分に問いかけを

リセット片づけ5か条❶

「いつまでもあると思うな、気力・体力と時間」

子育てや仕事が忙しい30代は、「スッキリ暮らしたい」、「不要なモノを処分したい」という不満を抱えていても、なかなか思うように片づけができません。そうやって10年、20年と時が過ぎるうちに、ふと気づけば、家の中は〝捨てそびれたモノ〟、〝まったく出番のないモノ〟の山でゴチャゴチャ！　家に帰ってもくつろげないし、むしろ、ストレスを感じている……。最近、こうした悩みを抱えて、お片づけの相談に訪れるアラウンド50代のお客様が増えています。

お話を伺うと、「会社を定年になったらやりたい」と考えている方が多くいます。でも、今や定年65歳の時代ですから、そこから始めるのでは少々遅い気がします。

50代からのリセット片づけは、日々の散らかりの解消が目的ではありません。長い間に積み重ねてきた〝モノやコト〟と向き合い、今後も必要なモノと不要になったモノを整理して、次のステージをどう生きるかを考えるのがテーマです。気力と体力、さらに時間も使って行う作業ですから、できるだけ若くて元気がある40代後半から50代のうちに取り組

02

みたいもの。年齢とともに親の病気や介護といった問題や、更年期など自分にも不調が起こりやすくなるのも、早めにスタートしたい理由です。

「いつまでもあると思うな、気力と体力」——これだけは肝に銘じてくださいね。

とはいえ、人生で一番若いのは〝今日〟ですから、60代になっても、やり遂げようという気持ちがあれば、遅すぎることはありません。自分を変えたい、暮らし方を変えたいと心の底から思った時が片づけを始めるチャンスであり、絶好のタイミングなのです。

リセット片づけをすると、写真のように大量の不要品が出てくることも。片づけには気力と体力が不可欠です

リセット片づけ5か条❷

「過去の自分へのこだわりがモノに対する執着を生む」

バブル期を経験したアラフィフ世代に特徴的なのが、昔買ったブランドもののバッグや衣類がクローゼットで眠ったままになっていることです。流行は変わり、ご本人の体型も変化しています。もし、もう一度バブル・ファッションが再流行しても、シルエットやデザインの細部は変わりますから、昔の服をそのまま着るのは少々考えものです。それでも、「この服を今後着る機会があると思いますか?」とたずねると、「高かったし、いつか着るチャンスがあるかもしれない」と、処分をためらう方がとても多いのです。

なぜ、人は昔のモノを捨てられないのでしょうか?

それは、若くて元気で美しかった頃の自分、過去の自分の栄光を"モノ"に映し出しているから……。もう着ない、使わないとわかっていても、それがなくなると、「輝いていた頃の自分までどこかに行ってしまう」気がして、モノにしがみついてしまうんですね。

03

でもそれは、時を止めてしまうことにならないでしょうか。ホコリをかぶった服が並ぶクローゼットには、特有のよどんだ空気が漂っています。未来を見るより過去に執着し続ける持ち主の心が、そこでさまよっている気がしてなりません。

変化に向き合うのはつらいですが、かつての愛用品が今の自分には似合わない現実や、モノには役目を終える時があるということを受け止めましょう。第二の人生は、そこからがスタートです。かくいう私も、袖を通す機会もないのに、20代で買った高価なコートを長い間捨てられずにいたことがあります。ある日思い立って、そのコートを着て銀座を歩いてみたら、デザインの古さがくっきりと浮き彫りになり、恥ずかしくてその日のうちに処分しました。

時にはこんな荒療治をしてみると、"過去の自分"へのふんぎりがつくかもしれません。

着る機会がないのに、処分するふんぎりがつかない。そんな時は、その服を着ておしゃれな街を歩いてみましょう。「浮いてる」と感じたら捨て時です

リセット片づけ5か条❸

「子供の自立は、新たな人生をスタートさせる絶好の機会です」

子供たちが独立した後の部屋を、みなさんはどうされていますか？

子供たちが就職や結婚などで巣立ち、夫婦二人の生活を満喫しているご家庭でも、完全に子離れするのはなかなか難しいようです。

たとえばAさん宅で、押し入れの半分近くを占拠する箱を開けてみると、学校時代の成績表や工作品、塾からのお知らせ、さらには黄ばんだベビー服まで、思い出の品がギッシリと詰まっていました。また、「趣味を楽しむ場所が欲しい」というBさんに、「独立したお子さんの部屋を自分の場所に改装しませんか」と提案すると、「子供のモノがたくさんあるし、いつか帰ってくるかもしれないから」とためらいます。

子育てや、教育に熱心だったお母様ほどこうした傾向があり、それは、子供にまつわる品々にご自分が傾けてきた情熱や思い、時間を重ね合わせているからなのでしょう。モノ＝子供に思えて、不要でも捨てられなくなってしまうんですね。

04

懸命に子育てをされてきたのはすばらしいことです。でも、そろそろ母親ではなく、一人の女性としての時間を取り戻す時期ではないでしょうか。子供が家を出たことで生まれた心の空白を引きずるのではなく、新しい自分を見つけてください。そのための儀式として、思い出の品物をひとつずつ時間をかけてセレクトしながら、過去とお別れしましょう。そのひと時を使って、頑張った自分をたっぷり褒めてほしいと思います。

思い出の品をすべて残すことはできません。「この箱ひとつだけ」と分量を決めてセレクトし、かさばるものは写真にして残すのもひとつの方法です。

子育ての終わりとともに仕事を再開。自宅でも仕事ができるようにと、子供部屋を妻の書斎に改装したケース（P54～）

リセット片づけ5か条④

「〝モノ〟という負の遺産を子供に残さない」

05

アラフィフ世代の主婦、Aさん宅で片づけをしていた時のことです。Aさんが若い頃に買った毛皮やブランドバッグ、指輪などを「これは娘に、これも娘にあげよう」と、自分には不要になった品物をお嬢さんに譲るための準備を始めました。

いずれも品質のいい、高価なものばかり……。とはいえ、Aさん世代と娘さん世代では育ってきた文化も、価値観も、流行も違います。果たして、ゴージャスな毛皮を喜んでくれるのでしょうか。私にも高校生の女の子がいますが、たとえ娘であっても、本当に喜んでくれるもの、役に立つものを考えて譲りたいと思いました。

さらに先のことではありますが、ここ数年、親が亡くなった後、その膨大な量の遺品を整理するためにかかる時間と費用が、子供の大きな負担になっているという話題がメディアを賑わせています。

最近は、遺品整理を専門業者に任せるケースが多くなっています。その費用について調べてみましたが、時間制、部屋の広さに合わせて……など料金体系はいろいろですが、家まるごととなると、最低でも20万円くらいかかるようです。もちろんお金より気になるのは、悲しみの中で親の遺品を片づけなければならない、子供たちのつらい気持ち。遺品整理は時間がかかる作業なので、自分たちでやるとなると、心も体もヘトヘトになってしまうでしょう（詳しくは、P90～をご覧ください）。

アラウンド50にとっては、〝第二の人生〟をスタートするための片づけが最優先です。と同時に、「これが残ったら子供たちが大変だろう」と思う品物、たとえば客布団や多すぎる食器、衣類などを時間をかけて少しずつ整理し、子供にモノという〝負の遺産〟を残さないことを心がけてほしいと思います。

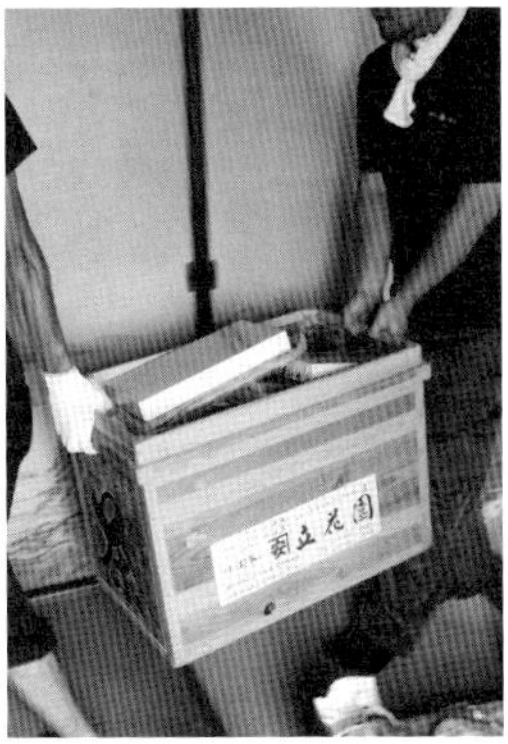

（上）人形や旅の土産など、使っていた人間の思い入れが残るモノの整理は大変
（下）最近は、専門の業者に任せる人が増えています

リセット片づけ5か条 5

「なりたい自分に近づくためにモノをセレクトする」

「3年後、5年後に、どんな自分になっていて、どんな暮らしをしたいですか？」

こうたずねて明確な答えが返ってくる人の家は、おおむねキレイに整っています。人間の心模様と部屋のあり方は不思議にリンクしていて、悩みを抱えている人の家はその迷いを表すかのように散らかり、ホコリまみれのことが多いんですね。

なりたい自分を想像し、それを実現するためにモノを整えるのが、片づけ本来のあり方です。とはいえ、悩みを抱えている人に、「未来を考えましょう」と言っても、そう簡単にはできません。そこで私がお勧めしたいのが、片づけをしながら本当の自分を取り戻し、やりたいことに気づくという方法です。

ある50代女性のケースです。クローゼットに入りきらないほど衣類があり、寝室もリビングも服だらけなのに、買い物が止まらないことを彼女は悩んでいました。

片づけをしながら話を伺ううちに、自分には夢があったけど、子育てに専念すべきだと

06

思って働くことを断念した、いつしか夢の存在さえ忘れてしまったけど、心の底にある満たされない思いを物欲に転換していた……ということに思いあたりました。

子育てが終わり、自由な時間ができたのに、モヤモヤして前向きな気持ちになれないという方は、ぜひリセット片づけにトライしてください。家中に堆積した「なぜこれを持っているかわからない」、「その存在さえ忘れていた」モノたちが消えて、お気に入りだけが残った時、忘れていた自分らしさや、これから挑戦したいことが見えてくると思います。すぐには思い浮かばなくても、モノに囲まれるストレスが解消されて思考回路がスッキリすると、未来に目を向けるゆとりが生まれるでしょう。

部屋が片づいて頭の中もスッキリしたら、やりたいことを紙に書き出しましょう。思うだけでなく、書くことが大切です

「片づけを始める前にやっておきたい事前の準備と心の準備」

1 片づけの期間と作業時間を決める

一度に完璧に片づけようとするのはＮＧです。無理してやって大変な思いをすると、ますます片づけがイヤになるので、たとえばキッチンの片づけは1日2時間×7日間など、期間と1日の作業時間を決めて取り組みましょう。予定の時間をオーバーしたらスパッと終わらせる潔さも、最後まで片づけを持続するための秘訣です。

2 片づけ場所の優先順位を決める

あっちもこっちも片づけたいと思うと、頭の中がモヤモヤして、逆にどこから手をつけてよいかわからなくなってしまいます。今の暮らしの中で〝ここが片づいたら気持ちよく過ごせる〟という優先順位を考えて、取りかかるようにしてください。

片づけは簡単な部分からスタートするのがコツ。たとえばキッチンは、カトラリーや調理ツールを入れた引き出しなら、短時間で作業がすみます

07

3 やりやすい場所からスタートする

たとえばクローゼットを整理する場合、コートやワンピースのような大きな衣類から手をつけると大変です。カットソーや下着が入った引き出し一段……など短時間で作業が終わり、結果が見える＝モチベーションが上がる場所から始めましょう。

4 道具を準備する

●ゴミ袋……各自治体のルールに合わせたモノ。●ハサミとヒモ……雑誌、新聞などを縛るのに必要。●雑巾……荷物を動かした後のホコリを拭きます。●段ボール箱・大きめの紙袋3～4個……処分に悩んだモノの一時保管用や、寄付したり誰かにあげたりするモノを分けて入れるのに使います。●ビニールシート……収納から出したモノの一時置き場に。

5 ゴミ袋の置き場所を確保する

片づけの最中にたくさんゴミが出るので、家のどこかにゴミ袋の置き場所を用意しましょう。場合によっては数十袋のゴミ袋が出ることも。収集のタイミングに合わせて数回に分けて出す必要があるので、そのためにも置き場所の確保は必須です。

片づけの手順＆ルール 2

「片づけがラクになる効率のよい整理の仕方」

キッチンの引き出しからクローゼットまで、空間が小さい・大きいにかかわらず、モノを整理して、不要品を処分するまでの手順はすべて同じです。左のイラストを参考に実践してみてください。押し入れのような大きな場所ではなく、引き出し一段など小さな空間から始めると、流れが頭に入りやすくなります。

すべて出して並べる（アイテムごと）

全部出すことでモノの量の多さを視覚的に把握できるし、重複買いや、存在を忘れていたモノに気づくこともできます。また、置き場所について再考するきっかけにもなります。

08

要る

日常的に使っている、シーズンに１回出番がある、という洋服や日用品などは迷わず残します。今はあまり出番がないけど、３～５年後も使っている自分をイメージできれば（着物など）、残してもOKです。

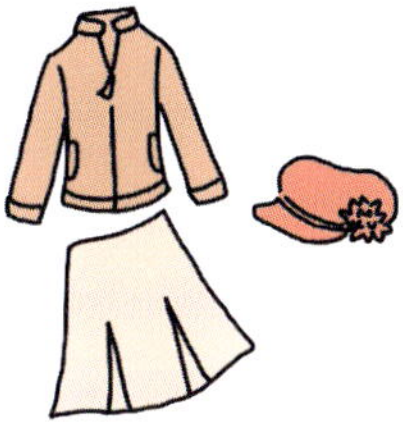

使いやすくしまう

出したモノをいったん元に戻し、数量や大きさを確認。使いやすい収納のために必要なグッズ（P108～を参考に）があれば購入して、しまい方を整えます。事前に収納用品を買うのはNGです。

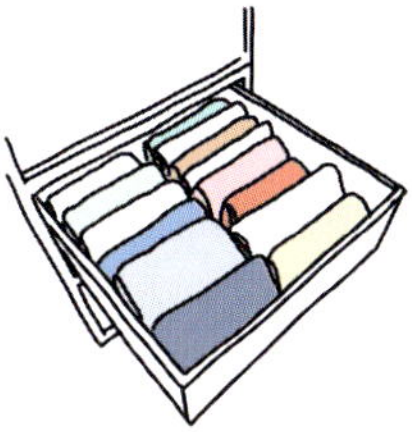

要らない

過去２年間、まったく出番がなかったモノ、壊れたり欠けたりしているモノ、重かったり、使うのに手間がかかってしまい死蔵品になっている道具類、体型に合わない洋服などは迷わず処分を。

ゴミとして処分

各自治体のルールに添ってゴミを出します。一度に大量のゴミを出すと近所の方の迷惑になるので、数回に分けましょう。ゴミを出す大変さを経験することで、ムダな買い物を減らせます。

迷っている

最近出番がないけど、また使う or 着るかもしれない食器や衣類、旅先で買った思い出の品など、すぐに決められないモノは一時保留箱へ。悩むのは20秒まで、など時間を区切って判断を。

期限を決めてチェック

一時保留の箱に入れた品物は、半年～１年の期限を決めてチェックし、その間使わなかったモノは処分へ。最初は決心がつかなかったモノも、時間をおくと、案外簡単に決断できるものです。

あげる・寄付する

誰かに使ってほしいモノは、「あげる」のラベルを貼った箱や紙袋に入れます。この時、受け取る側の気持ちになって判断を。食品は必ず賞味期限を確認し、ギリギリのモノは避けます。

オークション・フリマなど

あげる＆寄付以外にも、状態がよい品物ならフリマやオークションに出す方法も。思いのほかフリマにはまって、家の中のモノをまめにチェック＆処分するようになったという人もいます。

50歳になったら始めたい、しまい方の極意 1

「ラクに戻せる〝ゆる収納〟でOK」

家の中が散らかる原因のひとつに、〝使ったら元の場所（＝定位置）に戻す〟を徹底できないことがあります。人間は基本的に面倒くさがりですから、ラクに戻せる収納になっていないと、つい、手近で目につきやすい場所に置きっぱなしになりがち。

よく見かけるのが、一時置きした日用品や郵便物が山積みになり、そこが定位置になってしまったダイニングテーブルや、キッチンとリビングの境目にあるカウンターです。腰から胸くらいの高さのチェストやカウンターは、気軽にモノを置きやすい〝危険地帯〟。片づけのプロである私たちも、この地帯にモノを置くようになったら、整理整頓の習慣が乱れているサインだと思って気をつけます。

年齢を重ねると、〝元に戻す〟行為がますます億劫になってきます。そこで実践したいのが、何も考えずに戻せる〝ゆる収納〟を心がける

帽子、バッグなどは一個ずつ
ひとつの収納用品に収めても

09

こと。たとえば、小さな収納場所にモノが整然と、かつギッシリ詰まっていたら、見ただけで「戻すのが面倒」と感じてしまいます。50歳を過ぎたら、以下のような"ゆる収納"に取り組みましょう。

①出し入れがしやすいように、モノの量を空間の6〜7割くらいに減らして、ゆったり収める。

②収納空間の中を細かく仕切りすぎると、戻すのに手間がかかるので、ゴチャつかない程度に大ざっぱに仕切る。

③バッグや帽子など大きさのあるモノは、右ページの写真のように、"1アイテム1収納"にしてもOKです。

④引き出し一段、棚一段をひとつのカテゴリー(この一段はスポーツウエアだけ……など)でまとめます。同じアイテムがひとつの収納場所にまとまっていると、戻す時に迷いません。

引き出しや棚の一段をひとつのカテゴリーにまとめると(イラストは引き出しに小皿だけ入れている)、戻す場所がわかりやすくなります

10

「使う場所のそばに置く」

使う場所のそばに使うモノを置く……当たり前のことだと思うかもしれませんが、実践できていないご家庭が意外に多いのです。たとえば、味噌汁や煮物を作る鍋類を、みなさんはキッチンのどこに置いていますか？　私が伺ったお宅で多かったのが、フライパン類と一緒にコンロ下にしまっているケースです。調理の時にまず水を入れる鍋類は、シンク下のスペースに収めるのが正解で、扉を開けて鍋を取り出し、横に1～2歩動いて水道の蛇口をひねる……というムダを省くことができます。

1～2歩なら、こだわらなくても……と思われるかもしれませんが、年々、体力や気力が落ちてくると、そのわずかな数歩が生活に影響するようになります。キッチンに立つのは毎日のことですから、なおさらです。

せっかくなので、リセット片づけをきっかけに、よく使うモノの置き場所を見直してはどうでしょうか。たとえばわが家は毎朝が戦争状態で、子供たちに朝食を食べさせながら、合間にメイクをします。だからメイク用品をしまうのは洗面室や寝室ではなく、キッチンの棚の中。置き場所を変えたら、暮らしの動線がとてもスムーズになった例は数多くあるので、常識にとらわれず、わが家の生活習慣に適した場所を見つけてください。

　動線とともに考慮したいのが、必要なモノを手にするまでの"動き"の数です。たとえば、計量カップをフックで壁に吊すと、手を伸ばすだけで使えますが、引き出しの中にあると出すのに1アクションが必要です。扉付きの棚の中に書類ケースを置いて家計簿を入れると、出すのに①扉開けて、②書類ケースから出す……の2アクションになります。

　この数が多いほど元に戻すのが面倒になり、やがてあちこちに置きっぱなしの状態になってしまうことも。ハサミや電卓などの日用品がいつもの場所になくて、探し回る回数が増えたら、収納のあり方を考えましょう。美観を損ねないおしゃれなカゴなどに入れれば、"出しっぱなし収納"でも問題ありません。

ソファでよく使うモノをまとめ、使う場所の近くに置くことで、取り出しやすく戻しやすい

使ったらすぐ戻すことが、キレイを保つ秘訣です。わが家では、リビングで家族が使うモノを、ソファ横の棚にまとめてセットしています

「高さ、重さ、使用頻度を考慮して決める」

かがんだりつま先立ちになったりしなくても、手を伸ばせばラクにモノを出し入れできる範囲（腰から目の高さまで）を、"**収納のゴールデンゾーン**"と呼びます。使う頻度が高いモノはこの範囲の中に収めるのが鉄則で、年齢を重ねるとともに、このゾーンにできるだけ必要なモノを集められるように、収納を見直してほしいと思います。

特に、キッチンの吊り戸棚最上段など、踏み台に乗らないと手が届かない位置にある収納は要注意。転倒のリスクを減らすために不要なモノは思いきって処分し、あえて何も置かないままにしておく勇気も必要です。

収納場所を決める時は、モノの重さや大きさも考慮します。年齢とともに、重いモノを高い場所に収納すると、どんどん危険が増します。キッチンでいえば土鍋や鉄鍋、衣類ではジーンズのように大きくて重さがあるモノは収納の下段に。使用頻度が低くて軽いモノ（乾物類、せいろ、あまり使わないバッグなど）を上段に収めるようにしてください。

11

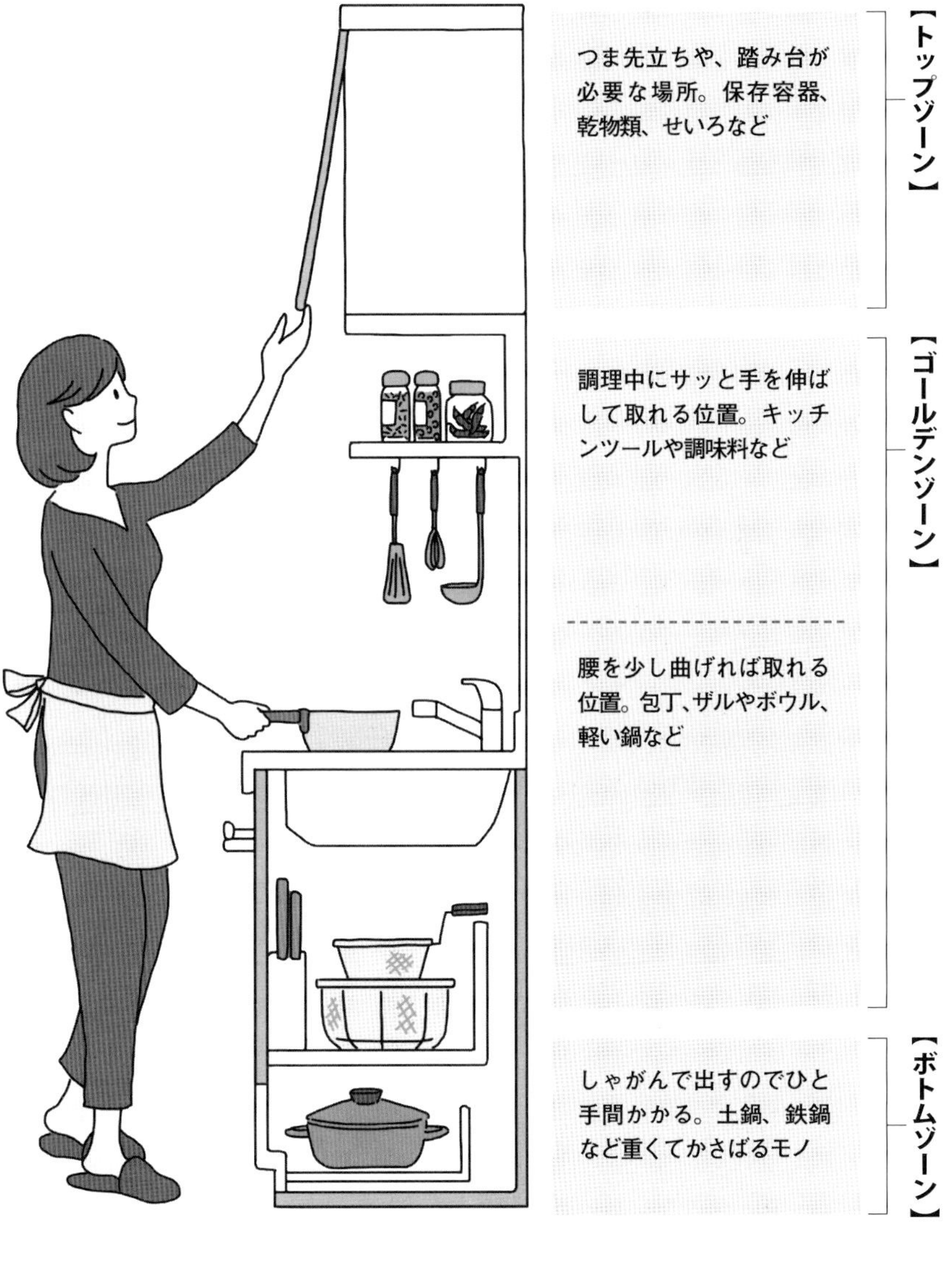
つま先立ちや、踏み台が必要な場所。保存容器、乾物類、せいろなど
【トップゾーン】
調理中にサッと手を伸ばして取れる位置。キッチンツールや調味料など
腰を少し曲げれば取れる位置。包丁、ザルやボウル、軽い鍋など
【ゴールデンゾーン】
しゃがんで出すのでひと手間かかる。土鍋、鉄鍋など重くてかさばるモノ
【ボトムゾーン】

ゾーン別収納例（キッチンの場合）

使用頻度や重さを考慮して定位置を決めると動線がスムーズに。特にアイテム数が多いキッチンはゾーン別収納を心がけて。

場所別、しまい方の基本

収納したいアイテムの種類や数、人の動き方は部屋によって異なります。その場所に合わせた収納のルールがわかると、片づけがラクに！

クローゼット

クローゼットは、縦の空間を３つに分けて収納を考えましょう。上から 1/3 のトップゾーンには、季節外の衣類やふだん使わない慶弔用バッグなど軽いものを。目線の高さになる中段は衣類収納のゴールデンゾーン。日々着る洋服を、長さや色を揃えて掛けます。下段には衣装ケースを置いて、下着やカットソー、セーター、ジーンズなどを入れますが、この時、重さのあるジーンズは衣装ケースの最下段にしまうのがルールです。

靴箱

玄関が乱雑だと、幸福が遠ざかると言われます。三和土《たたき》にいつも靴を出しっぱなし、という状態にならないように、戻しやすい収納をつくりましょう。ポイントは、使う人の身長や使用頻度に合わせて定位置を決めること。背の高い人の靴は上段に、背が低い人の靴は下段に入れます。靴磨きグッズや靴の消臭スプレーなど、玄関でよく使うモノを入れておくと便利です。

キッチン

食品、食器、調理ツールなど、多様なモノが集まり、どこに何を置くか一番悩む場所です。基本は、①使用頻度、②使う場所、③重さ＆大きさ、を組み合わせること。コンロの下にはフライパンや油、調味料などを、シンク下には水を使う鍋やザル、洗剤などを入れます。とはいえ、調理スタイルは人それぞれなので、自分の動線と“基本”を合わせて、最適な収納を考えてください。また、なるべく、モノのじか置きはせず、カゴでまとめることがポイント。

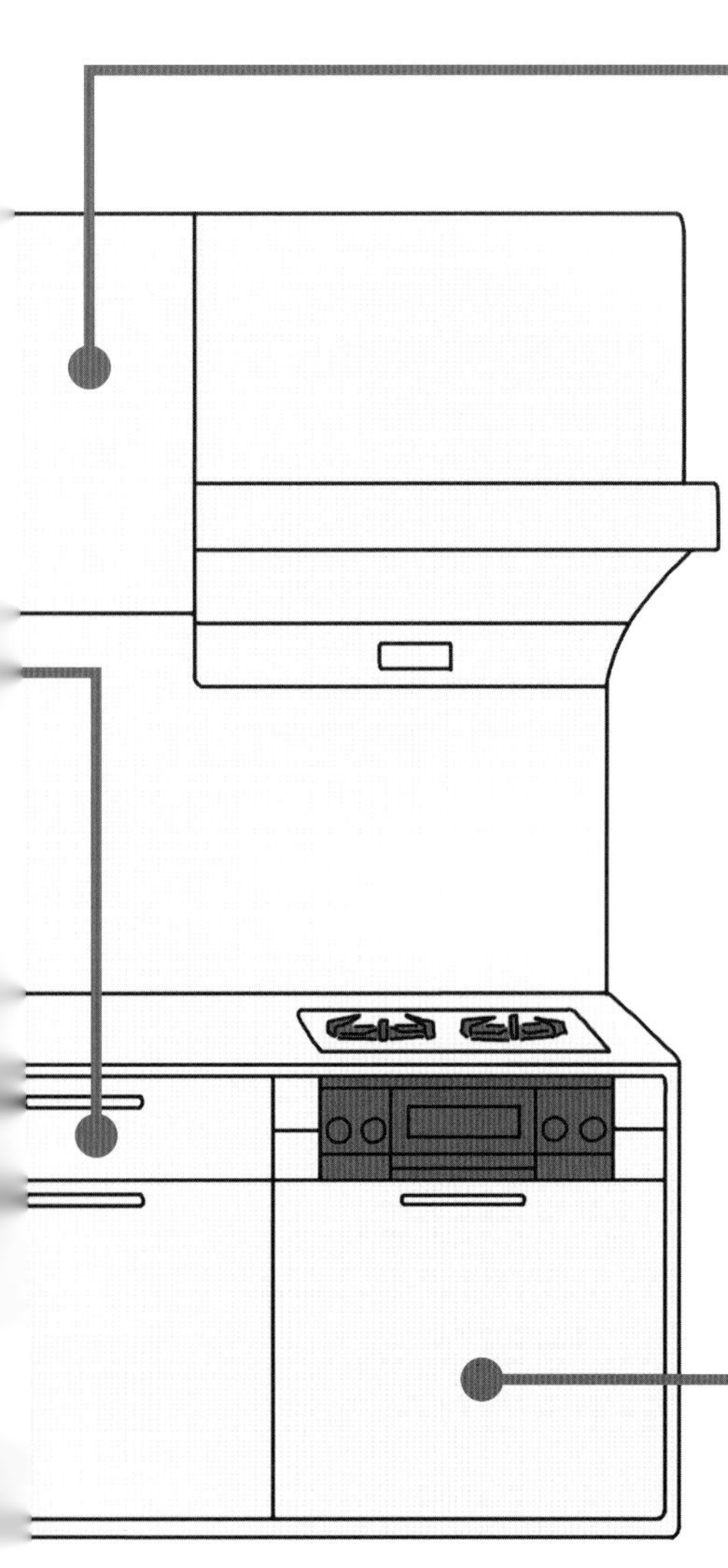

吊り戸棚の上段：
頻度が低くて軽いモノ用

せいろ、
保存容器
など

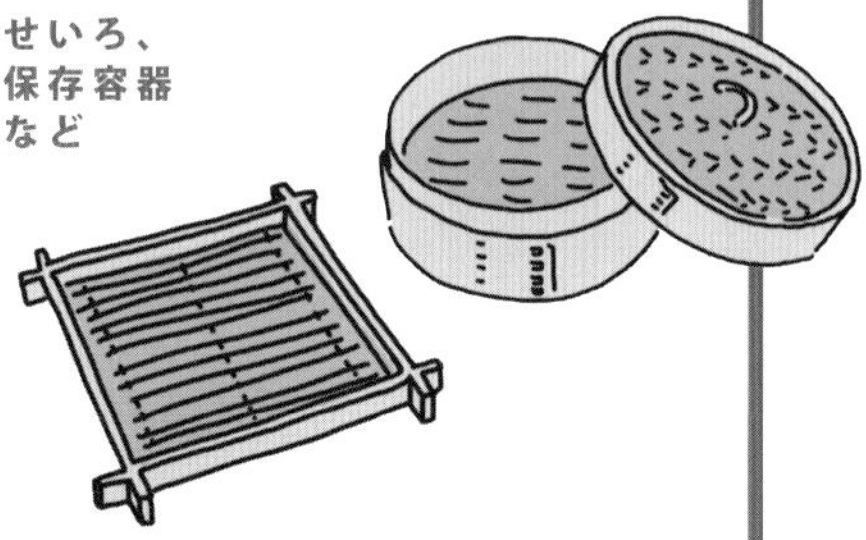

コンロ下：
コンロで使うモノ

フライパン、
調味料、
油など

吊り戸棚の下段：
ストック用品

粉モノ、
レトルト食品
など

調理台下：
調理台で使うモノ

包丁、菜箸、
スプーン、
レードル
など

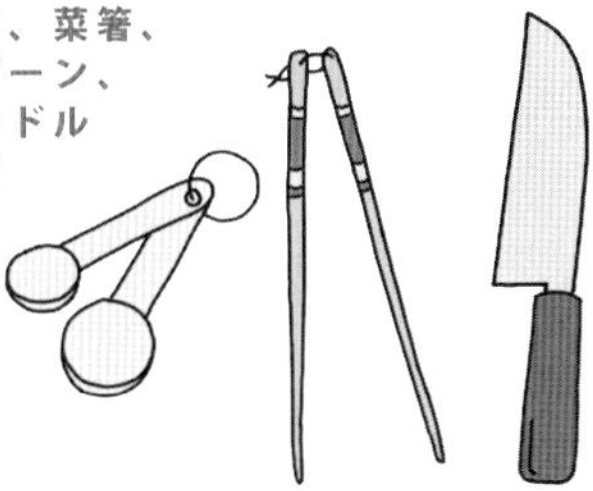

シンク下：
シンクで使うモノ

ボウル、ザル、
鍋、洗剤、ゴミ袋
など

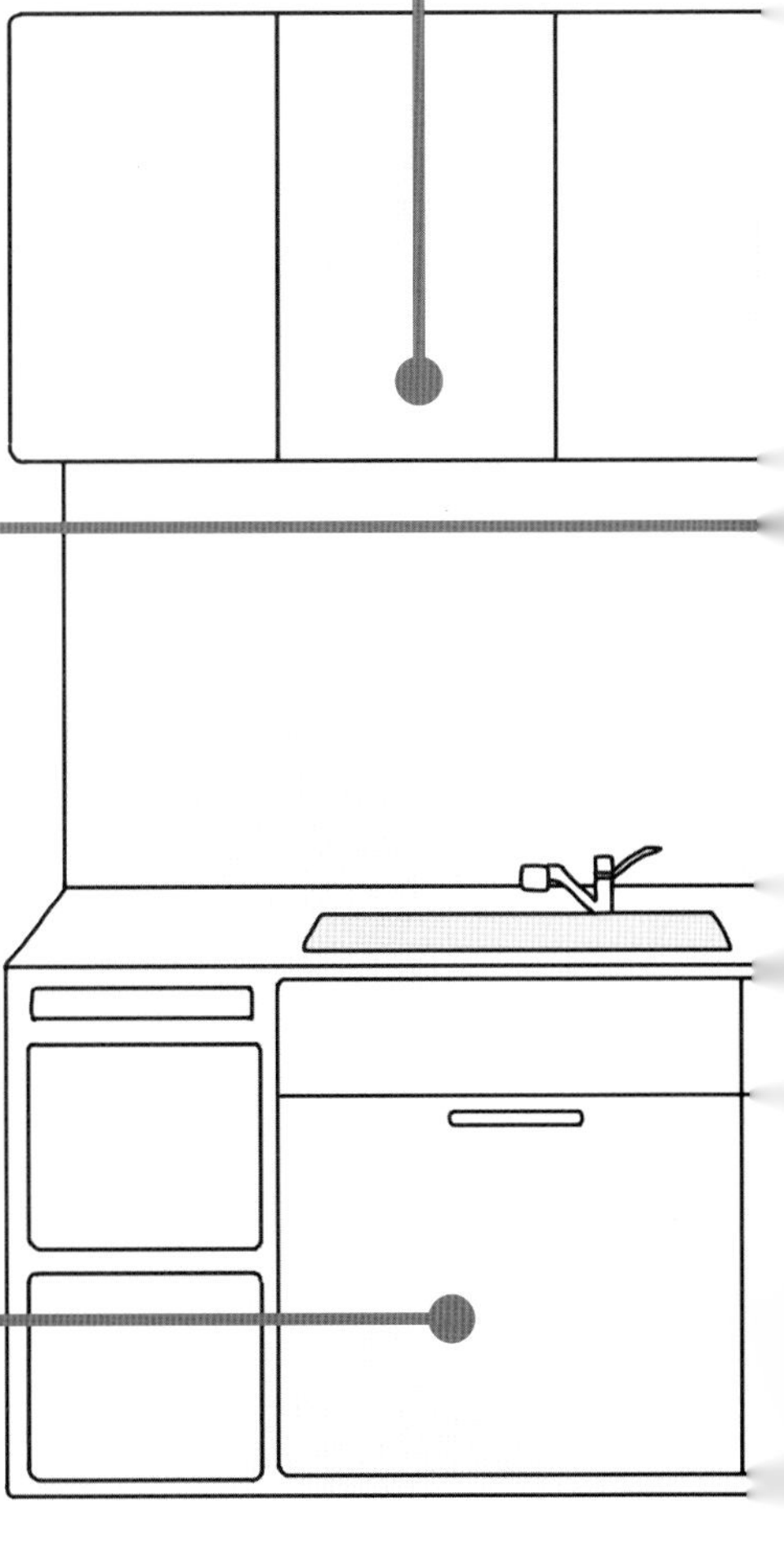

お片づけの極意 no. 2

「時間がなくて片づけられない」という
人こそ、片づけを頑張ってほしいと
思います。一度、家のリセットが
完成すれば、１日５～10分の
メンテナンスでキレイな状態をキープ
できるので、家事の効率がグッと
よくなり、ゆとりの時間が生まれます。
勇気を持って一歩を踏み出しましょう！

4組のアラフィフが
片づけを実践！

第二の人生に合わせて収納をつくり変える

日々忙しい4組のアラフィフ世代が挑戦した、
リセット片づけのルポをお届け。
さらに、子供にとって負担の大きい
親世代の家の片づけについても考えます。

Part 2

Report 1
東京都　内藤圭子さん（54歳）

若い頃買った洋服やバッグ（＝バブルの遺産）を処分して、美的クローゼットに

体型や似合う服が大きく変わるのが50代。変化に合わせて衣類をセレクトし、使いやすく見た目も美しいクローゼットにつくり変えます。

閑静な住宅街に建つ注文住宅で、夫、二人の息子とともに暮らす内藤圭子さん（仮名）。3階建て住宅の1階は玄関とシューズクローゼット、2階はリビングルームと浴室&予備室、3階には夫婦の寝室と子供部屋、さらに数台のパソコンやミニ冷蔵庫が置かれたプレイルームまで備えられています。

収納スペースにもゆとりがあり、片づけの悩みとは無縁に思われる環境ですが、「洋服が多すぎて、そろそろ限界のクローゼットを何とかしたい」という相談を受けました。さっそくお宅に伺ってみると、なるほど、これは問題あり！です。

50代になった現在も、20代の頃と変わらないスリムな体型を維持している圭子さん。今のアラウンド50には、彼女のように努力して若々しさや体型を保っている女性が多く、すばらしいことなのですが、実はそれが、クローゼットの混乱を招く原因になっています。

バブル期に上質なモノを持つことの喜びを経験したアラフィフ世代は、「まだ着られるし、また着る機会があるかもしれない」と、以前買ったブランドものの洋服や、おしゃれ着をなかなか手放すことができません。一方で実際に袖を通すのは、シンプルで着心地が良くて軽い、年齢を重ねた自分に合うアイテムが中心です。

内藤さん宅のクローゼットも両者が混在していて、洋服がぱんぱんに詰まっていてスキ間もないほど！　また、アイテム別、長さ別、着る頻度別にまとめる……といった収納の基本が導入されていないため、大量の衣類が雑然と並んでいる印象を受けます。

美的クローゼットの条件のひとつが、収納にゆとりがあって、ワードローブをひと目でパッと見渡せること。視覚的に衣類を把握できるとコーディネートがラクになるし、洋服を計画的に購入する手助けになってくれます。また、出し入れの時に生地同士がこすれて洋服が傷んだり、通気性が悪いために湿気がたまってカビが生える、といったトラブルの心配もありません。何より、お気に入りの服だけをセレクトすると、50代の自分が楽しみたい〝着こなし〟が明らかになってきます。

詳しく話を伺うちに、子供たちの着なくなった古い服を夫婦のクローゼット（P46へ）

問題 3
衣類の掛け方がバラバラで選びにくい
色や丈の長さ、素材感、季節などを考慮して衣類が掛けられていないので、目的の洋服をサッと探し出せません。

問題 4
季節外の衣類を紙袋に入れて保管
紙袋に生息する〝紙ダニ〟が繁殖して衣類を傷めたり、アレルギーの原因になることもあるので要注意。

問題 5
何年間も着ていない夫の古い服を放置したまま
不要な衣類が収納空間を塞いでもったいないし、出し入れしない衣類にホコリがたまって虫がつく原因に。

問題 1
大事な収納スペースに不要な荷物がギッシリ
18年前入居した時に押し込んだ衣類やスーツケースが、使われないまま放置された納戸。

問題 2
ハンガーの色や形がまちまち
ハンガーの色や形、材質が不揃いだと雑然として見えるし、洋服のコーディネートもしづらい。

Before

問題 6
クローゼットの中に靴を収納している
きちんと拭き取っているつもりでも靴には泥汚れやホコリが残っていて、虫を発生させる原因になります。

After ←

こんなにキレイになりました！

不要な衣類を捨てて、ハンガーは同質・同色のものにチェンジ。さらに服の長さや色を揃えて並べると、こんなに美しいクローゼットになりました！

問題 7

スキ間もないくらい服が詰まっている

出し入れする時に洋服同士がこすれて生地を傷めたり、空気の流れが悪くなって湿気がたまり、カビの原因になることも。

問題 8

よく使うバッグが奥にあって出し入れがしにくい

クローゼットの奥行きを生かして前後に収納する時は、よく使うモノを前に置くのが鉄則。

3~5年後の使いやすさも考えた コーディネートしやすいクローゼット

内藤圭子さん

夫、二人の息子、愛犬とともに都内の一軒家で暮らす。独身時代、雑誌の読者モデルの経験があり、当時の体型を今もキープ。

に収納している、季節外の衣類を紙袋に収納している、といった問題点も見えてきました。子供部屋に入りきらない衣類を両親のクローゼットに置くご家庭がとても多いのですが、手がかかる子育て時期が過ぎたら、子供の服は子供部屋に……が収納の基本です。そうやって、衣類を自分で管理する習慣を養ってあげましょう。

50代はファッションの傾向が大きく変化する過渡期。まずはバブルの遺産を手放すことが大事ですが、同時に、3~5年後の自分の姿や生活を想像しながら要・不要を見極めて、自分らしいクローゼットを完成させましょう。

Before

新築で入居して18年。“開かずの間”と化していた寝室の納戸

クローゼットの右隣りにある納戸。入居時にとりあえず押し込んだモノが、18年間放置されたままに。

STEP・1 全部出す

全部出したら、こんなにいらないモノが詰まっていた！

幅85cm×奥行き95cmの納戸の中に、スーツケースやハンガーラック、子供の古い運動着などがギッシリ！すべて種類ごと外に出して並べます。

STEP・2 セレクト

ひとつずつチェックして、必要or不要を分ける

After
STEP・3 つくり変える

季節外の衣類とスポーツウエア専用の収納場所に

奥行きの深さを生かし、つっぱり棒と衣装ケースを入れて、ゴルフウエアや季節外の衣類を収納。

STEP・4 使いよく収納する

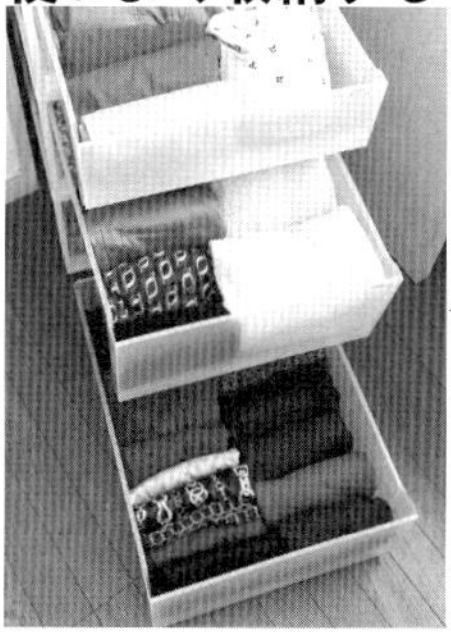

“折り山”を上にすると出し入れがラク

たたんだ衣類の“折り山”を上にして、立てて収納すると見た目が美しく使いやすい。床置きの衣装ケースはキャスター付きを選んで。

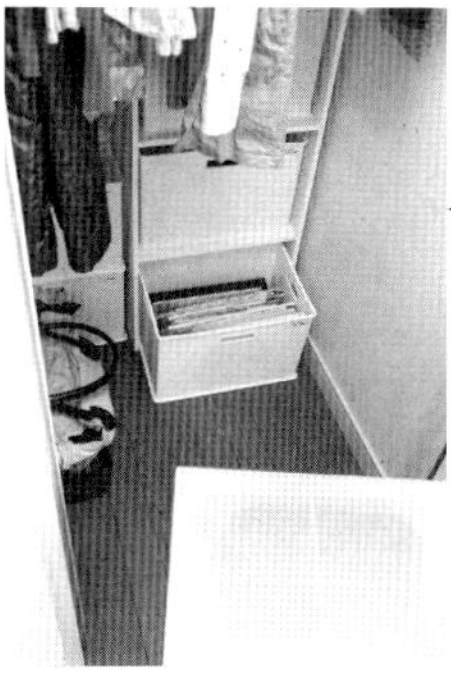

衣装ケースの裏側にカラーBOXを置いて思い出の品物を収納

奥行きのあるクローゼットの場合、思い出の品物など使用頻度が低いモノは、衣装ケースの裏に置いたカラーBOXへ。

Before

真っ赤なワンピースはそろそろ卒業です

「まだ着られるので取っておいたけど、最近は出番が全然なくて。年齢的にも真っ赤なワンピースは卒業ですね！」

STUDIOUS

重いバッグも手放しましょう

年齢とともに体力が落ちると、重いバッグを持つことが苦痛になってきます。処分に迷っていた重厚なブランドバッグも、この機会に手放すことに。

不衛生な靴や紙袋は衣類を傷める原因に

季節外＆出番の少ない衣類の保管に紙袋を使っていますが、不衛生なうえに見た目も美しくありません。中身をチェックして不要な服は処分し、紙袋はすべて撤去することにします。

キャッ！
シミが…

久しぶりに出したら妙なシミが…

え〜っ!!
バッグが
こんなに!!

バッグが45個以上！こんなに必要ですか？

そろそろ、たくさん持つより、いいものを厳選して持ちたい年代です。汚れや傷があるモノは処分して半分の数に。

Report 1

タグをつけてひと
目でわかる工夫を

上段の棚は慶弔用のバッグや帽子などの収納に。入れ物にはタグやシールをつけて、中身を書いておきます。

After ←

①服の量は空間の７割。
②よく着る服を中央に。
③服の長さを揃える。
④使用頻度に合わせて、
置き場所を考える。

しまい方のコツ 1

【まとめる】

使いやすい収納にはコツがあり、"まとめる"こともそのひとつ。たとえば、携帯用の折りたたみ傘はひとまとめにしてカゴに入れ、バッグのそばに置いておくと外出準備がスムーズ。同じ時に使うモノ（黒いバッグと数珠など）を一緒にしておくと、忘れモノや探しモノのムダを防げます。

⬆携帯用の傘はまとめてカゴへ

⬅ハンガーの色と形をまとめる

➡目的別にまとめる（犬の散歩に使うバッグや手袋など）

動かしやすいキャスター付き
ラックで、奥の空間を活用する

奥行きがあるので、手前はキャスター付きのラックにして動かしやすく。後ろのボックスには使用頻度の低いモノを収納。

全部出して並べてみる

収納したままの状態では気づきにくい、衣類の量の多さやアイテムの重複を、全部並べてチェックします。

なんと、礼服が３着も！もったいない！

衣類が多すぎて持っていることに気づかず、夫の礼服を３着も重複購入。「一番新しいモノを残して処分します」

昔のデザインの服は処分

「まだ着られるけど襟が大きいし、肩パッドがあってデザインが昔っぽいかも。今日でさよならします」

Before

何年も着ていない服が詰まっていて、空気がよどんでいます

上段部分を、ホコリがかぶったままの夫の服が占拠しています。衣類収納のゴールデンゾーンに着ない服を入れっぱなし、とはもったいない！　ホコリはダニ発生の原因に。

これはNG！なしまい方

ヘタりやすく不衛生な空き箱収納

お店でもらう紙箱を収納に使う人が多いのですが、形がヘタりやすくて見た目が美しくありません。衛生面も考えて衣類の収納には不向き。

ワードローブを視覚的に把握できない重ね掛け

Report **1**

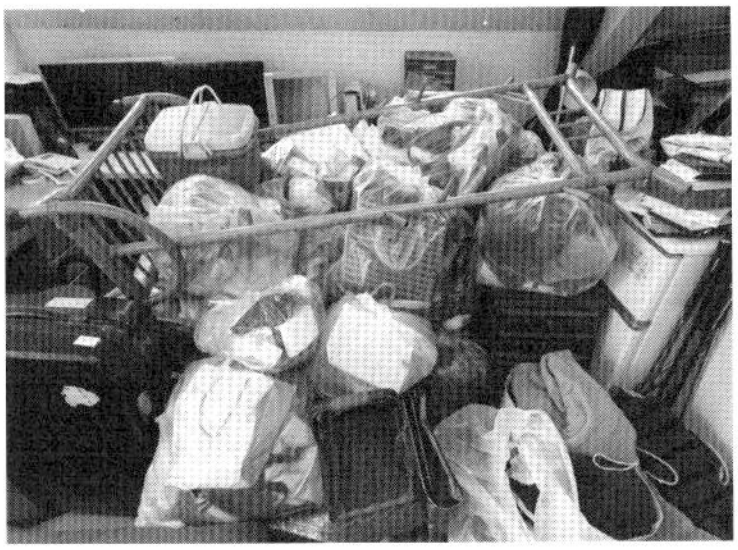

こんなにゴミが出ました！

45ℓのゴミ袋約30袋分と、ラックや整理ダンスなど大量のゴミが！

衣装ケースにはラベルを貼って中身をわかりやすく

何が入っているかを書いたラベルがあると、すぐに取り出せる。

After ←

上段は奥が深く手が届きにくいエリア。置くモノがなければ、置かない勇気を

服が減って、風通しがアップしたクローゼット

衣類収納のゴールデンゾーンには、夫の通勤用のスーツを。収納量を7割程度に減らすことで通気性がアップ。

不要品を整理して空いた場所にはあえて何も置きません。何も置かない勇気がスッキリを保つ秘訣！

しまい方のコツ❷

【仕切る】

引き出しの中の衣類がゴチャッとしていると、片づけの意欲がダウンします。ベルト、靴下、カットソーなどの細かいモノは、100円ショップで購入できるカゴで仕切って収納を。

⬅大小のカゴで引き出しの中を仕切る

➡ブックエンドで仕切る

途中にブックエンドを入れて服の支えにすると、数が減っても整列した状態を保てます。また、前後で季節を分けることもできて便利。

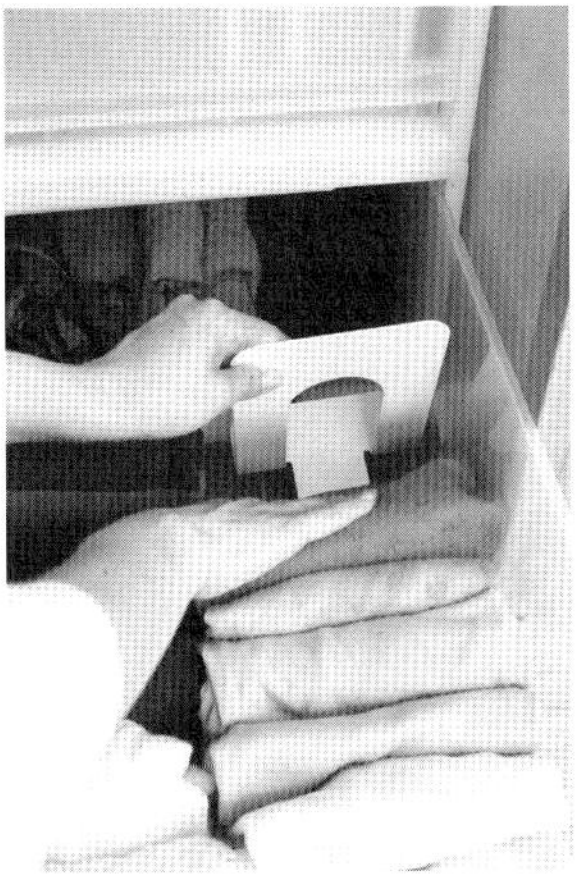

Report 1

クローゼットがスッキリすると今の自分が着たい服が見えてきます

「洋服が整然と並んでいて、コーディネートが楽しみです」

洋服は私の宝物。一着ずつ思い入れがあって、古い服とお別れできないまま長い時が経ってしまいました。今回、まだ体力も判断力もある50代前半のうちにクローゼット改革に取り組めて、本当によかったと思います。

〝目からウロコ〟だったのが、中山さんから学んだ「着る頻度に合わせた収納」です。〝色別〟に分けたほうがコーディネートしやすくていいと思っていましたが、頻度に合わせて並べると、なるほど、日々の着替えや片づけがラクになりますね。また、お気に入りの服だけを残したことで、今の自分が着たいファッションの傾向がハッキリとして、買い物をする時の参考になります。整然として美しい収納だから一着一着が輝いて見える、クローゼットの扉を開けるのが、以前よりもずっと楽しくなりました。

クローゼットがキレイになって愛犬も大喜び！

「愛犬のシアンが時々、片づいたクローゼットの前に座って、うれしそうに眺めるんです。私に似てファッション好きなのかな（笑）」

内藤さん宅の

『クローゼット整理』のまとめ

1 50代はワードローブが変化する時期。“まだ着られる”ではなく、“これからも着たい”かを基準にセレクトして。

2 美しい装いはキレイなクローゼットから生まれます。衣類をひと目で見渡せる“７割”収納を心がけましょう。

3 収納用品やたたみ方にもこだわりを。衣類がキレイに収まっていると、片づけに対する意欲が高まります。

中山さんからのメッセージ

キラキラ輝くバブル時代を経験した内藤さんは、活動的でチャレンジ精神が旺盛。カラフルな衣類や雑貨が詰まったクローゼットには、そんな彼女のキャラクターが反映されています。とはいえ、年齢を重ねるにつれて夢や憧れを絞ることも必要に。家を片づけると不思議に頭の中も交通整理されるので、クローゼット整理で感じたことを、ぜひ今後の人生設計に役立ててください。

独立した息子の部屋を書斎にして仕事やNPO活動を充実させる

子供の独立は、夫婦のセカンドライフをデザインするいいきっかけになります。子離れする寂しさを、新しい人生を始めるワクワクに変えましょう！

総合病院で秘書として働く石川綾子さんの希望は、「独立した長男の部屋を自分の書斎につくり変える」こと。「仕事やＮＰＯ法人の活動を頑張って、第二の人生を楽しもうと思います。その作業にじっくり取り組める場所が欲しくて」と語ります。

仕事も家事もてきぱきとこなす石川さんのお宅はムダなモノがほとんどなく、リビング、キッチン、洗面所などの各室が整然と整えられています。その中で唯一、片づいていないのが子供たちの部屋です。「全部捨てていいよ」と長男が残していった荷物を、「本人がいない時に勝手に捨ててしまうのは、なんだか気が引けて……」と、石川さん。

社会人になって家を出た息子たちについて、「息子たちには自分の人生があるから、この家でもう一度暮らすことがなくてもいいと思います」と、とても潔い考えをお持ちです。そんな彼女ですが、子供の荷物を簡単には処分することができません。

Report 2
神奈川県 石川綾子さん（53歳）

石川 綾子さん

神奈川県の一戸建てで愛犬と暮らしている。夫は単身赴任中で、二人の息子は社会人になって独立。総合病院に勤務。

息子には息子の人生があるから、再び、この家に住むことがなくてもいいと思います

一方で、娘や息子の独立後も、「いつか家に帰ってくるかもしれない」と、子供部屋をそのまま残しているお宅もよく見かけます。「趣味を楽しむ場所がなくて」とおっしゃるので、「お子さんの部屋を活用しては？」と提案するのですが、その決心がなかなかつきません。子育てに熱心だったお母様にこの傾向が強く、子供の成長に自分の人生を重ね合わせてしまうため、子供から自立できなくなってしまうのです。

子供の独立は夫婦のライフスタイルを考え直す、絶好の機会です。また、家を出た子供たちが身の丈に合ったモノの持ち方を学ぶためにも、ぜひ、「家を出る時は本当に必要な

モノだけを選んで。残ったモノは処分する」という方針を持ってほしいと思います。

無断で処分するのはNGですが、息子さんから了解を得ているので、残っている荷物を捨てても大丈夫。さっそく、石川さんの夢を叶える書斎づくりの始まりです。

Before【書斎】

問題 1
仕事の資料を
置く場所がない

問題 2
壊れた家電を
そのまま放置

問題 3
独立した
子供たちの
持ちモノや衣類が
残ったまま

After

子供の荷物を処分し、壊れた扇風機とキャスター付きテーブルは粗大ゴミに。新たにデスクと本棚を設置して、あちこちに散らばっていた書類をまとめると、本格的な書斎が完成

Before【飾り棚】

問題 7

子供部屋の入り口にある飾り棚に本や書類が無造作に置かれている

After

入り口の飾り棚は、部屋の印象を決める大事な場所。収納スペースではなく、ディスプレイを楽しむ空間として考えましょう。本と書類は部屋の本棚に移動。お気に入りの絵とアートフラワーを飾って、華やかな雰囲気に

Before【クローゼット】

問題 4

上段の棚にカラーBOXが置かれていて、危険！

問題 5

毎日の仕事着と季節外の衣類がゴチャ混ぜに

問題 6

サイズが合わない衣装ケースが使いにくい

カラーBOXをやめて、上段には使用頻度が低いバッグ類を収納。洋服は長さと色を揃えて順番に掛け、下部にできた空間に衣装ケースとスーツケースを収納します。こんなにスッキリ！

After

Before

書斎

本来は、自分で処分すべき子供の荷物。男性は細かい作業が苦手なので、時には手助けが必要に。

男性は捨てるのが苦手。了解を得て処分しましょう

長男が残した衣類をかわりに処分するのは、「勝手に捨てるようで気が引けて」と石川さん。了解があれば捨ててもOK。

お世話になりました～

受験でお世話になったお守りは、『お礼参り』で奉納

息子たちも立派な社会人。受験の時にお世話になったお守りは、お礼参りをして返納しましょう。いただいた神社が遠ければ、近くの神社に納めても。

このパソコン動きませんね

古いパソコン、動かない扇風機。壊れた家電は早めに処分

壊れたり、古くて使わなくなったパソコンを何台も置きっぱなしにしている家庭は珍しくありません。よほど古いものでなければ、パソコンリサイクル法によってメーカーが無料回収してくれるので、各メーカーに問い合わせましょう。壊れた家電は粗大ゴミに出します。

Report 2

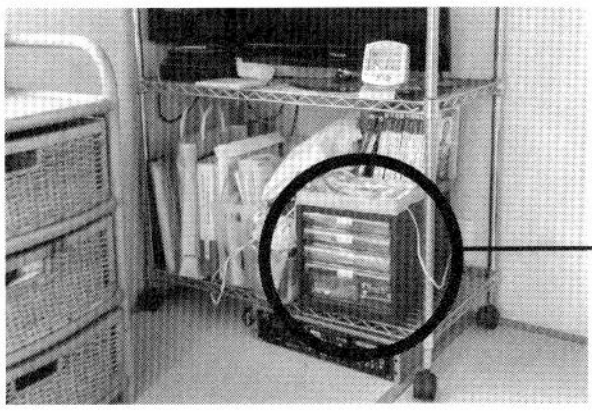

和室やリビングに分散した書類は1カ所にまとめる

和室（写真上）とリビング（写真下）に分散していた書類を、書斎にひとまとめ。加齢とともに増えてくる、「あの書類はどこに？」を防ぎます。

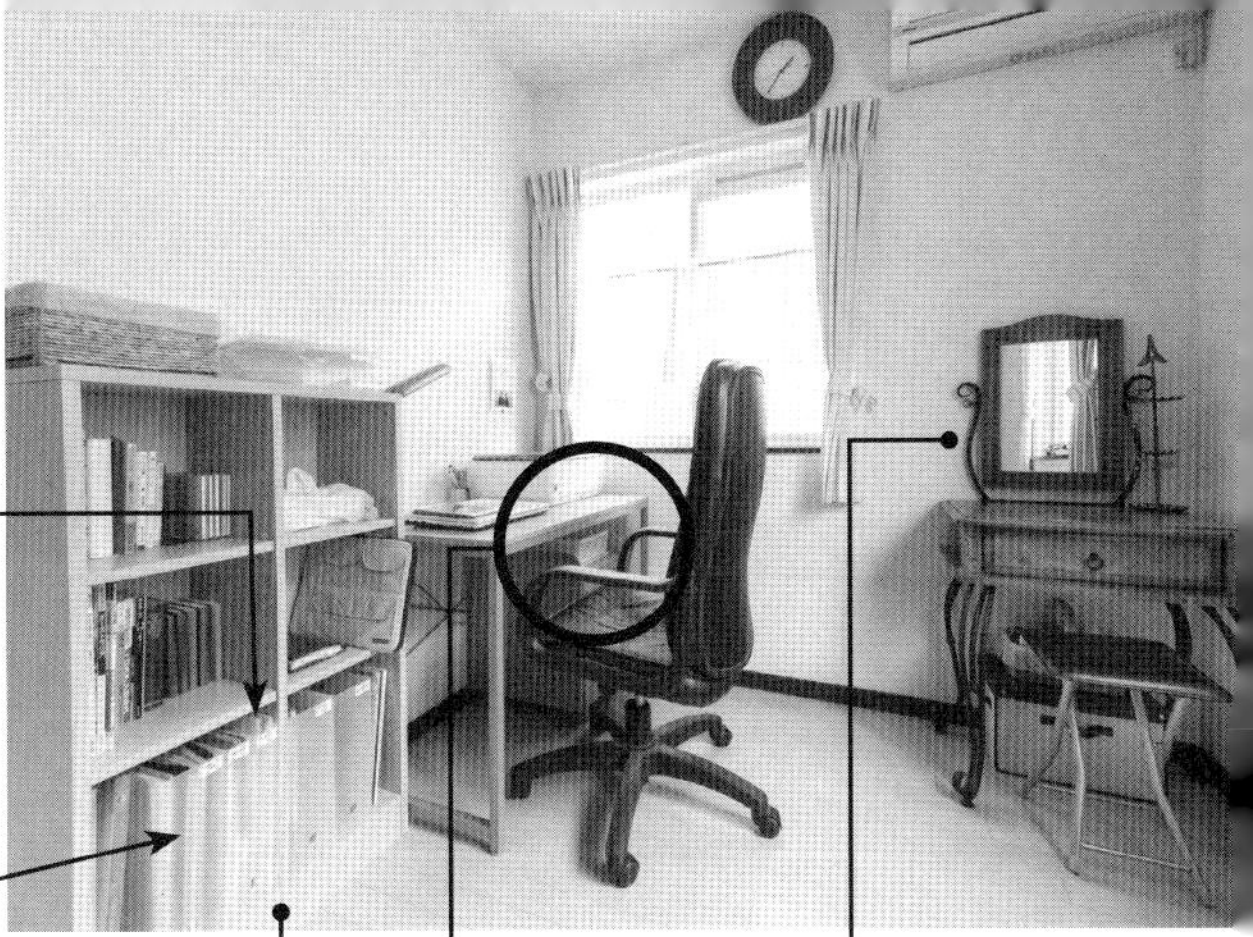

After

寝室から移した鏡台。メイクも着替えも書斎で完了

寝室の鏡台を書斎に移動。「メイク、着替え、持ちモノの準備が1カ所で終わり、行ったり来たりがなくなるので、朝の時短になりますね」（石川さん）。

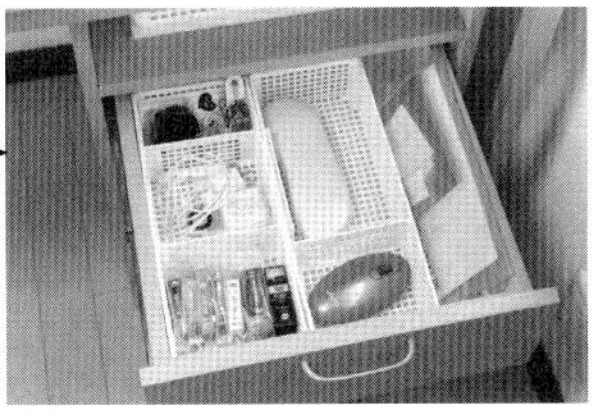

デスクの引き出しは100円ショップのカゴで分類収納

細かい文具が多く、ゴチャつきがちな引き出しは、100円ショップの仕切り付きのカゴ（P109参照）でスッキリ！

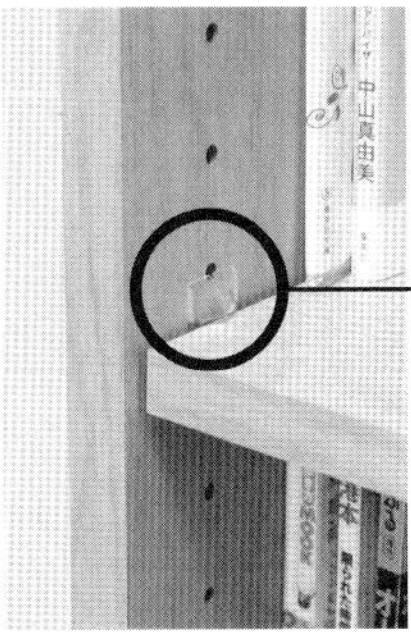

棚板の位置調整にフックを利用

棚板位置を細かく調整できる、収納家具を選ぶことで、しまうモノの高さに合わせることができるので便利。購入はDIY店などで。

本棚にファイルBOXを入れて、書類を管理

本棚を置いて仕事の資料や、わが家の書類をひとまとめに。書類を入れる半透明のファイルBOXは無印良品のもので統一。収納グッズを同じ色・形・材質で揃えると整って見えます。

BOXにはラベルを貼って、出しやすく戻しやすく

出しっぱなしを防ぐコツはひと目で戻す場所がわかること。収納用品には中身を書いたラベルを貼ります。

Before

最近の収納用品はサイズもデザインも多種多様。収納場所の大きさと使いやすさを考えて選んで。

高い棚の上に重い収納用品を載せるのはNG

仕切りができて、一見便利そうに見えます。でも、重いモノを載せると棚板にたわみができたり、何かの拍子に落下する危険もあるので、これはNG。

クローゼットの奥行きに合う衣装ケースに変える

今使っている押し入れ用の衣装ケースは、奥行きが65cmあって大きすぎます。奥行き55cmのクローゼット用に変えて使いやすく。

上段には軽くて使用頻度が低いモノを収納

出し入れをするのにつま先立ちになったり、踏み台を使うような高い場所には、使用頻度が低いモノ、季節外の軽い衣類などを収納します。

引き出しの中はカゴで仕切って取り出しやすく

衣装ケースを置いてストール、マフラーなどのファッション小物を収納。100円ショップのカゴで仕切ると、見た目が美しく使いやすさもアップ。

バッグはファイルBOXに、パスポートなど思い出の品はソフトボックスに入れて上の棚へ

（上）のようなBOXにバッグを収納すると、出し入れしやすく、柔らかい素材のバッグの自立を助けて型崩れを防ぎます。思い出の品は無印良品のソフトボックス（下）に。

After

クローゼット

思い出が詰まった息子たちの洋服も、思いきって処分

「懐かしい！ 息子が花火大会で着た浴衣です」。思い出のある服も、本人たちが不要なら残す意味はありません。

父から夫へと受け継がれた服は大切に保管

「私の父のスーツを、夫用にリフォームしたもの。大切な思い出の服です」。物語をきちんと語れる品物は、手元に残しておきましょう。

こんなにゴミが出ました!!

片づけ後、ゴミ袋が10数個も！「うちは荷物が少ないと思っていたので、こんなにゴミが出てびっくり！」

慣れてくると判断するペースがアップ！

作業の途中、不要品を自らゴミ袋に入れ始めた石川さん。繰り返すうちに要・不要の判断に慣れて、みなさん、処分する速度がアップします。

ハンガーを揃えて美しく。多忙な人は5割収納を目安に

ハンガーとハンガーの間に手がスッと入れば合格です。ただし、石川さんのような多忙な人は、さらにゆとりがある"5割収納"を目指してください。

一気に処分!!

20年ぶりに開いたファーケース。状態は？

「虫がいるかも……と、開けるのが怖くて奥に入れたままでした(笑)。これは処分します」

病院で過ごす子供たちのためのプロジェクト

石川さんがスタッフとして活動するNPO法人『キッズアートプロジェクト』のHP。病院で過ごす子供たちがアートの作成を通じて入院生活を楽しめるように、支援活動を行う。

久しぶりのマイルーム。新鮮な気分で仕事に取り組んでいます

自分の部屋と机を数十年ぶりに持って、今、とても新鮮な気持ちでパソコンに向かっています。仕事とともに、NPOの活動ももっと頑張りたいですね。赴任先から帰ってきた夫も、「ちょっと使わせて！」と書斎にこもるのが楽しそう。

中山さんのお片づけで得た一番の収穫は、ムダがなくなったことです。モノの量を必要最小限にキープすると、探しモノをする時間がなくなるし、重複買いも防げます。わかりやすかったのがクローゼットの〝ハンガー〟。収納量に合うハンガーの数を決めて、それを超えてしまう時は古い服を処分すればいいというのは、合理的なセオリーだと思いました。ひと目でワードローブがわかるので、朝の支度もスピーディーに！　今回学んだことを応用して、キッチンの片づけにも取り組みたいと思います。

「手を伸ばせば、必要な書類を取れるので、能率が上がります」

Report 2

石川さん
宅の

『書斎づくり』のまとめ

1 大切な書類は1カ所にまとめましょう。年をとって記憶力が落ちても、「書斎に全部ある」とわかっていれば安心です。

2 “仕切る”、“まとめる”（書類をファイルでまとめる）など、デスク周りの収納テクを使って仕事の効率をアップ。

3 一般的な理想は“7割収納”ですが、仕事と家庭の両立で忙しい人は5割までモノを減らし、“時短収納”を心がけて。

中山さんからのメッセージ

“お片づけの優等生”石川さんに残された唯一の課題が長男の荷物。子供の独立をしっかり受け止めながらも、どこか寂しさを感じていて、整理＆処分が進まなかったのかもしれません。今回、自分のために整えた空間を持ち、そこで何かに没頭する喜びを味わって、さらに“お片づけ力”がアップしたと思います。家中のキレイを今後もキープしてください。

リフォームのタイミングに合わせてキッチン収納を考える

第二の人生を目前にリフォームを行う家庭が増えています。リフォームしたばかりの池澤さん宅を例に、キッチンの家事がラクになる収納を考えます。

キッチンカウンターの上はモノがたまりやすい場所

あらゆるモノが置きっぱなしにされやすい危険地帯。置く時はカゴなどにまとめて入れて、雑然と見えないようにします。

スッキリ！
気持ちがいいでしょう？

After

池澤さん宅のキッチンのリフォームが完成して約1年。外に出しっぱなしのモノが少しずつ多くなり、雑然としてきた現状をこの機会にリセット。収納を整理して、キッチンカウンターとシンク周りをスッキリさせるだけで、こんなに雰囲気が変わりました！

Report 3

東京都 池澤美秋さん（45歳）
奈美さん（41歳）

Before【キッチン】

問題 2
引き出しの中が
ゴチャゴチャ

問題 1
カウンターの
上にモノが置
きっぱなし

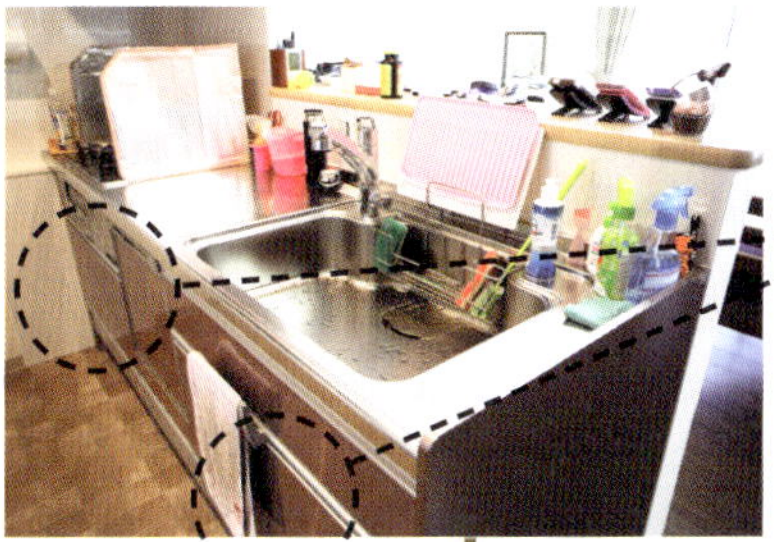

問題 3
収納庫の中に
ストックがギッシリ

問題 4
シンクや
コンロ下の
収納が効率悪い

After

池澤さん夫妻

会社員の美秋さん、パート勤務の奈美さん、長男、長女の４人暮らし。築12年のマンションを2013年にリフォーム。

収納を整えて、リフォームしたキッチンをさらに使いやすくカスタマイズ

東日本大震災をきっかけに「災害が起きても安心して暮らせるわが家にしよう」と、一年前にリビング&キッチンのリフォームを実施された池澤さん夫妻。最近、私が講師を務めるセミナーの受講者に50歳前後の方が増えていて、「セカンドライフに向けて家をリフォームしたいが、収納はどのように考えればいいか」という相談を多くされるようになってきました。そこで池澤さん宅の収納を実例に、基本的なキッチン収納のルール＋50代から実践したいポイントについてもお伝えしたいと思います。

大きな改善点として、①多すぎる調理ツールやカトラリー、食品や消耗品のストック

を整理する、②動線や使用頻度を考慮して収納場所を考え直す、の2点があげられます。
奥様は子育てとパートの両立に忙しい日々を送っているので、大量のストックがあると、管理が疎《おろそ》かになって同じモノを買ってしまったり、賞味期限切れを出しやすくなる心配があります。また、年齢を重ねると、ストックを把握する力が衰えてくる、という問題も起こってきます。日用品などはインターネットで注文すれば翌日には届く時代ですから、予備は抱え込まず、1アイテムにつき1個までと決めましょう。セールだからと、調味料を2本、3本とまとめ買いをするのは卒業したいですね。
②ですが、キッチンには左右の移動と、つま先だったり・しゃがんだりの"上下"の動きがあり、意外に見落としがちなのが上下の動きを考慮した収納です。背伸びしないと取れない棚に重い調理器具を置いていたり、ゴールデンゾーン（目線の高さから腰までの範囲）の引き出しに、ほとんど出番のない来客用の食器が収納されている、といったケースをよく目にします。今は大丈夫でも、体力の低下とともに特に上下の動きがつらくなってくるので、頻繁に使うモノの収納はゴールデンゾーンに集中させましょう。
最近のシステムキッチンは、細部までよく考えられ、とても使いやすくなっています。さらに、わが家の食習慣や調理スタイルに合わせて収納をカスタマイズすることで、動きがスムーズで、調理が楽しくなるキッチンを完成させてください。

撮影協力：東京ガスリモデリング

キッチン

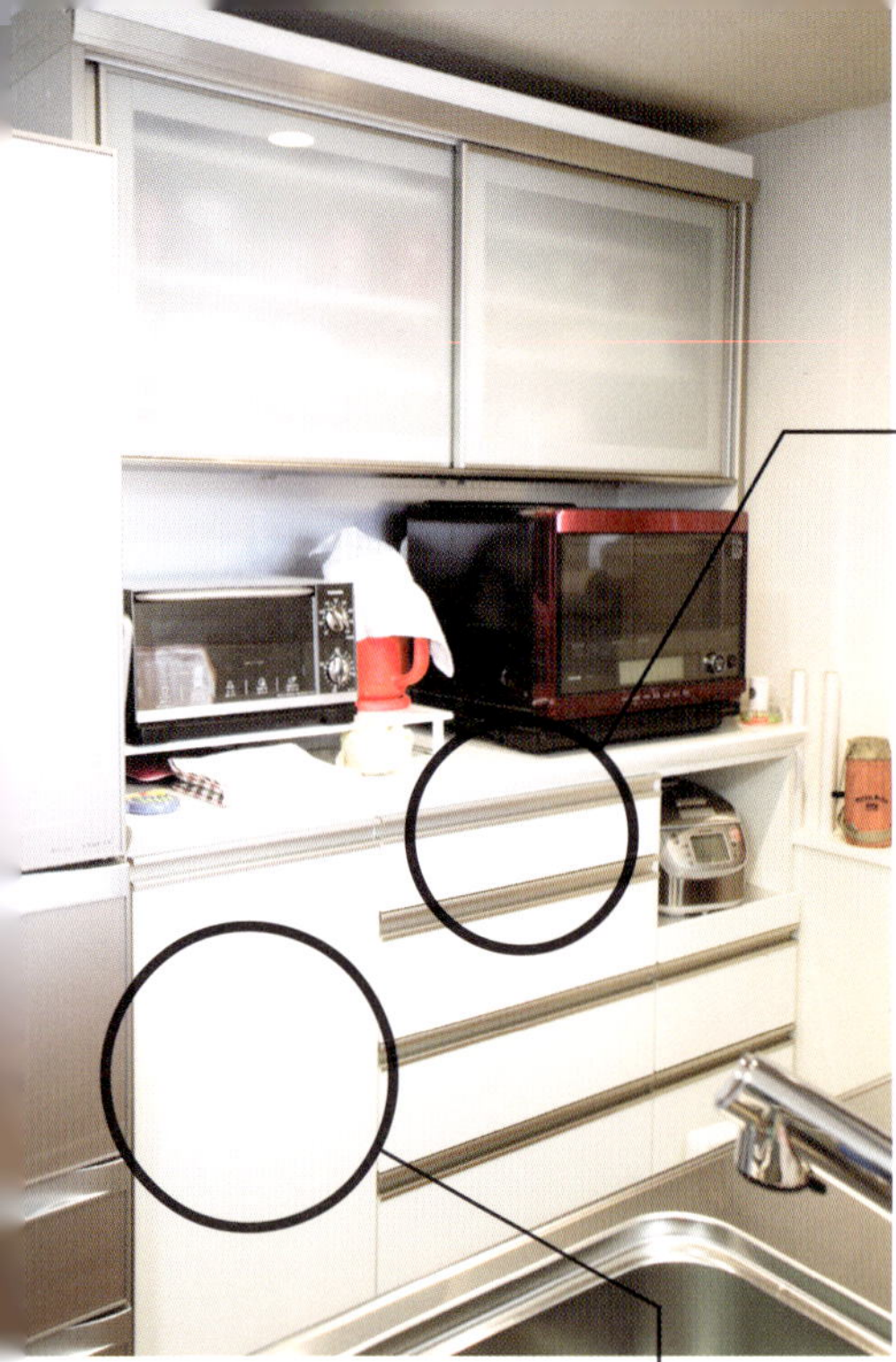

Before

カトラリーの数が多すぎて出し入れがしにくい

人数に対してカトラリー＆箸類が多すぎるご家庭が多いのですが、池澤さん宅も引き出しがいっぱいで、必要なモノをサッと出し入れできません。

全部出す

収納の棚卸しでは、すべての持ちモノを出して、アイテムごとひとつずつ確認するのが鉄則

After

家族の人数＋来客用が３つあれば十分です

カトラリーや食器は家族の人数＋来客用が３つあれば大丈夫。先がはげた箸は早めに替えましょう。引き出しにゆとりがなければ、来客用は分けて収納します。

Before

食品ストックが多すぎる＆ゴチャ混ぜに！

レトルト食品などがギュウギュウに入った収納庫。ひと目で何が入っているかわからず、賞味期限切れや重複買いの心配が。

全部出す

「こんなに入ってましたか！」と池澤さん夫妻。棚に入れたままだと全体の量を把握できないので、全部出すことが大切です。

Report 3

気をつけたい!

【増えやすいキッチン小物】

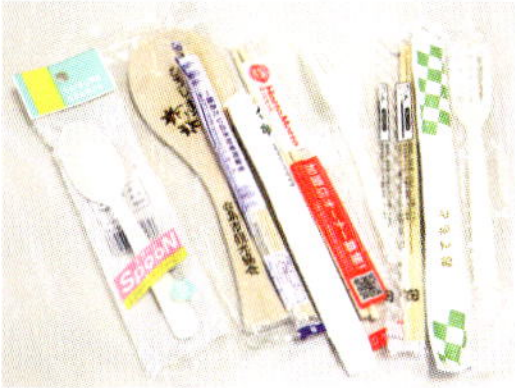

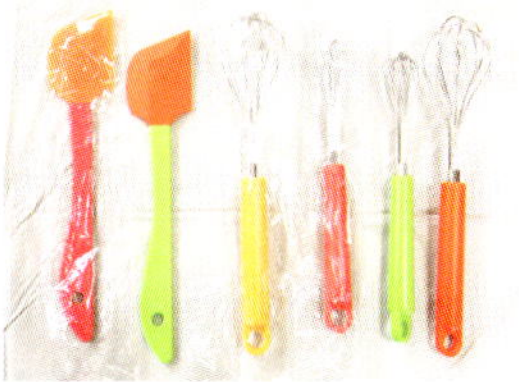

⬅キッチンに たまりがちなグッズ

お店でもらうお箸やプラスチックのスプーン（写真上）はその場で使うか、"2個まで"など数を決めてストック。未開封のまましまっていた調理ツール(写真下)は、雑誌の付録だったモノ。お気に入りだけ残して処分するか、誰かにあげます。タダのものはどたまりやすいので、特に注意しましょう。

⬆思い出の品は 分けて保存

引き出物や贈り物の食器(写真上)は期限を決めて、その期間内に使わなければ処分を。どうしても捨てられないモノは、専用の入れ物を作り（写真右）、納戸などに保管します。

After

アイテムが多い食品やキッチン小物は、容器にまとめて収納すると、管理がラクで見た目もキレイ。

なるほど〜
取っ手があるから出し入れラクですよ!

取っ手付きストッカーは キッチン収納の強い味方

大きな箱や袋の食品は取っ手付きストッカーに。小さな袋やボトルは、仕切りが付いたトレイに入れて収納。「トレイを引き出せば、ストックがひと目でわかりますね」（美秋さん）

Before【A・シンク下】

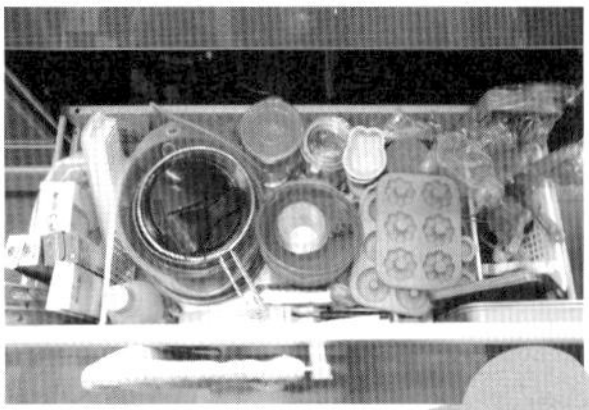

シンク下の引き出しには水を使う鍋やボウルを

シンク下には鍋やボウル、洗剤を置くのがルール。製菓用品などが混ざっていて、必要なモノをサッと取り出せません。

出番のない圧力鍋ですが、「いずれ料理をやりたい」という美秋さんの希望で残すことに

After

鍋やボウルはカゴに立てて入れ、効率よく収納する

お弁当グッズや製菓用品は収納庫に移し、深さのあるカゴ（P109）でスペースを仕切って鍋やボウルを立てて入れます。こうすると“高さ”を効率よく使えるし、出し入れもラク。空いた場所には洗剤を。

Before

１年前にリフォームした美しいシステムキッチンですが、シンク周りに並ぶ洗剤やレンジガードのせいで雑然とした印象に

After ←

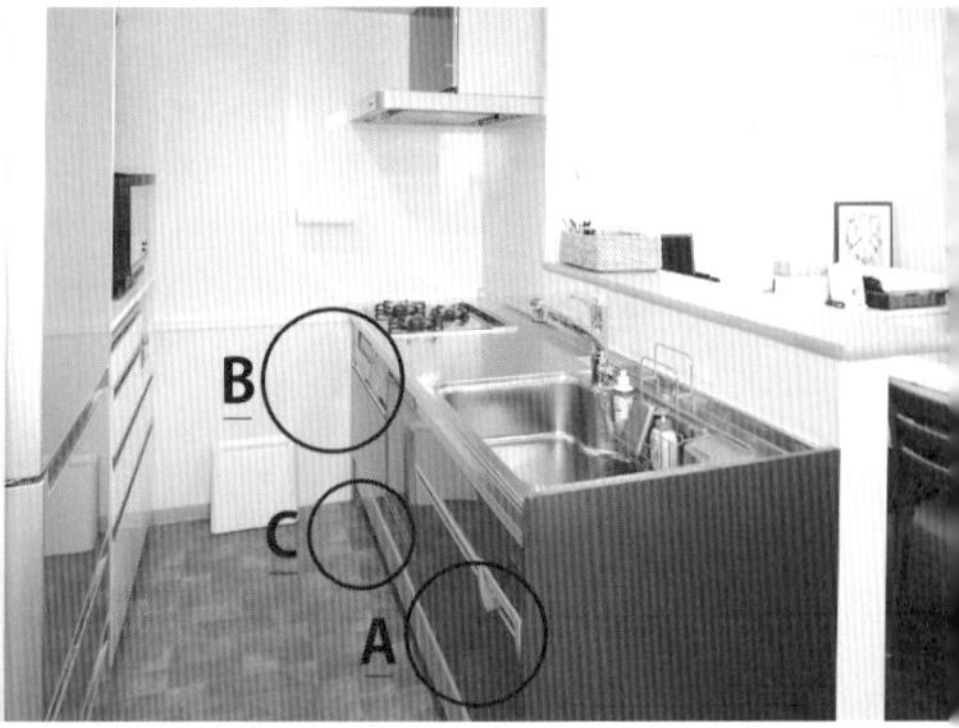

Ａ（シンク下）、Ｂ（コンロ下）、Ｃ（引き出し）の不要品を処分して、使いやすく。シンク周りのモノを空いた場所にしまって、スッキリ！

充電中の携帯やエアコンのリモコンは、カゴに入れてカウンターの上へ。「少しの工夫で印象が変わりますね」

Report 3

Before【C・引き出し】

消耗品のストックが引き出しいっぱいに！

食器洗いのスポンジ、ゴミ袋などのストックで引き出しがギュウギュウ。４人家族とはいえ、多すぎる量です。

全部出すと、お店が開ける(!?)ほどの量が！「実家の母が、これいいわよと送ってくれるモノがたまってしまって。今後は必要ない時はそう伝えます」(奈美さん)

全部出して、仕分けですね

After

消耗品のストックは、各々１個ずつあれば十分

スポンジ、洗剤などのストックは１個ずつで十分です。今後はひとつなくなったらひとつ補充を心がけて、空間にゆとりを持たせましょう。

Before【B・コンロ下】

フライパンと鍋がゴチャ混ぜに

コンロ下に鍋を入れているお宅が多いのですが、ここには油料理に使うモノ＝フライパンや中華鍋、油のボトルを入れるようにします。

コンロのそばに油を置くのはNGです

調理の動線は短縮されますが、その分、火事の危険が。油を火のそばに置くのは避けて。

中山さん考案のフライパン立てで、出し入れがラクに

コンロ下の収納に使ったのは、インテリアブランド、ケユカとのコラボで中山さんが開発したフライパン立て。

After

油料理に使うモノをひとまとめにして効率よく

フライパン、油、調理ツールを１カ所にまとめたので調理がスムーズ。柄を上に向けると腰をかがめずに取れて、体力が落ちてもラクです。

「お鍋をサッと出して蛇口の下へ……これは、ラクですね！」

収納を変えたら調理の流れがスムーズになりました！

「キッチンのリフォームで収納量が増えたものの、なかなか上手に使いこなせていませんでした。今回、鍋はシンク下に置く……といった基本のルールを教えていただき、収納のことがわかっているようで、思い違いも多かったことに気づきました。動きがスムーズになったので、料理をもっと楽しみたいです」（奈美さん）

「必要なモノはその都度購入する、ということを心がけていたつもりでしたが、今回、全部出すことをやってみて、予想外にストック品が多いことに驚きました。中山さんの仕分けをきっかけに、その都度買う意識がさらに強くなり、不要なモノは貰わない、あまり時間を置かずに早めに整理する、ということも心がけています。『全部出して仕分ける』セオリーを使って、リビングの壁面収納や、手つかずのクローゼットの整理にトライしたいと思います」（美秋さん）。

**家事がラクになって
夫婦の時間が増えそうです**

引き出しの奥から結婚した年に購入したシャンパングラスが登場。「ずいぶん使ってなかったね。これから二人でお酒を楽しむ時間を持ちたいです」と池澤さん夫妻。

Report 3

池澤さん
宅の

『キッチン整理』のまとめ

1 使用頻度と使う場所を考えて収納の見直しを。今後のために、よく使うものはゴールデンゾーンの収納にまとめましょう。

2 食品や消耗品のストックは最小限に抑えます。種類別に分け、箱や袋の大きさに合わせた収納容器にまとめて管理を。

3 見た目の美しさと掃除のしやすさを考えて、シンクとコンロの周りにはモノをなるべく置かず、スッキリを保ちます。

中山さんからのメッセージ

リフォームしたキッチンを、二人で力を合わせてさらに使いやすくしようと努力されている池澤さんご夫妻……とてもステキです。今回、大きな空間をどういう考え方で仕切ると作業がよりスムーズになるかをご紹介したので、このノウハウを応用して、リビングやクローゼット収納の改善にもぜひ取り組んでください。

コラム.1

中山さんの キレイが続く習慣 vol.1

5割収納と"その日のうちに"が、時間がなくてもキレイを保つコツ

妻であり二人の子供を持つ母であり、そのかたわら会社役員として働き、お片づけの現場に出ることもしばしば……。こんな状況ですから時間はいくらあっても足りません。でも、どんなに多忙でも、いつお客様が来ても大丈夫なくらい、"家中スッキ

リ！"を保っていると自負しています。

常にキレイを保てる秘訣の第一は、収納は"空間の5割"を心がけることです。基本は7割ですが、多忙なご家庭の場合は"5割"まで減らせると、さらに家事の時短が進みます。また、モノが少ないほうが、家族が自分で必要なモノを見つけられるので、安心して家を空けることもできます。

日々の暮らしの中に、片づけのシステムを組み込んでしまうことも有効ですね。たとえばわが家では、リビングルームにハサミ、住所を消すスタンプなどをまとめたトレイを置き、そのすぐそばにゴミ箱とシュレッダーが用意してあります。ＤＭなどの郵便物はたまると開封するのが億劫になるので、受け取ったその日に開封＆処分を決める道筋をつくってしまうとラク。まずは、わが家のモノがたまりやすい場所をチェックしてみてください。

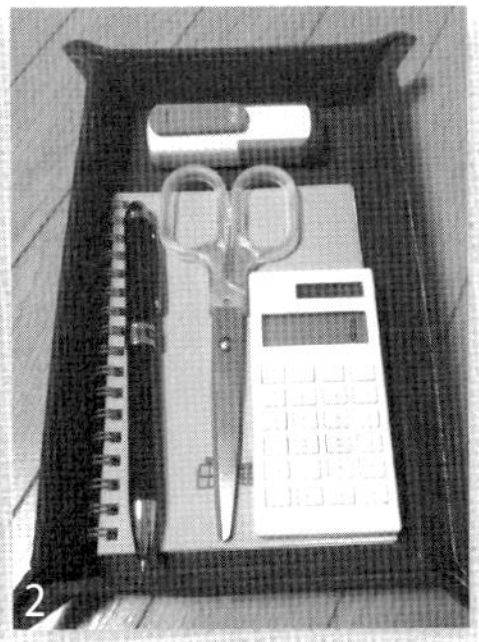

❶寝室のクローゼット。衣類より空間のほうが多い！と、よく驚かれます。
❷郵便物はその日に処理。必要なモノはひとまとめに。
❸細かな日用品はカゴやストッカーに収納。戻すのがラクなので、"出したら戻す"を習慣にできます。

Report **4**

東京都 加藤玲子さん（55歳）

家族中心から、趣味や友人とのお茶会を楽しむＬＤＫへと、収納を整える

「家族中心を卒業して、自分の時間を楽しみたい」と語る加藤玲子さん（仮名）。趣味や、人との繋がりを大事にするアラフィフらしい収納を考えます。

問題 1
おもてなしグッズの量が多すぎます！

【引き出し一段目】
夫婦合わせると、月１回のペースでおもてなしの機会がある加藤さん宅。とはいえ、コースターなどの来客用品が多すぎます

おもてなし用品を収納した引き出し

問題 2
趣味のビーズ用品がゴチャゴチャに収納されている

After

吊り戸棚ストッカーやファイルBOXを使ってビーズ用品をまとめ、見映えよく。中身がわかるようにネームシールを貼ります

Before

ＤＫとスキップフロアになっているリビングの棚に趣味のビーズを収納していますが、入れ物がバラバラで使いにくそう

After

【引き出し二段目】

多すぎる茶托を仕分けして、よく使うモノだけ厳選。別の棚にあった湯飲みも一緒にして、二段目をお茶用品でまとめました

【引き出し一段目】

コースターの数を減らし、空いた空間をトレイで仕切って、箸&箸置き、コースターを収納。来客の準備をよりスムーズに

Before

【引き出し二段目】

収納している茶托やマドラーに合わせた仕切りがないので、引き出しを動かす時にモノ同士がぶつかって、傷つく原因に

収納スペースは多いのに、"モノが生かされる"収納になっていません

加藤玲子さん

夫と息子二人、ネコ3匹、犬1匹とともに、2年前に建てた注文住宅で暮らす。趣味はフラワーアレンジ、ビーズ手芸など。

銀座まで電車で約12分の便利な住宅地に、2年前完成した瀟洒な一軒家で暮らす加藤玲子さん。夫の転勤で海外生活を経験し、滞在中に磨かれたインテリアセンスを生かして建てられた注文住宅は、白×黒×木目が調和したモダンな空間です。

LDK（P76の写真）の大きな窓に向かって右側の壁一面に、天井までの収納がつくられ、十分すぎるほどの収納スペースがあります。ところが3年後、5年後の暮らしを想像しながら収納をチェックすると、改善したい課題が見えてきました。

旺盛な好奇心とチャレンジ精神は、アラフィフ女性が持つ長所のひとつですが、（P82へ）

STEP・1 全部出す

お店が開けそう!?
全部で約160枚あった
コースターとマット

好みのモノを見つけるとまとめ買いするクセがある加藤さん。モノが増えやすく、コースターとランチョンマットが合わせて160枚も！

STEP・2 セレクト

ひとつずつ吟味して
お気に入りをセレクト

飲み物や食品のシミがついたり、傷がついたりしてないか、ひとつずつ状態をチェック。古くなったモノは、使用期限だと考えて処分します。

STEP・3 残す

セレクトしたら約半分まで
減らすことができました

汚れていたり、買ったモノの出番がほとんどないコースターや茶托、ランチョンマットはこの機会に処分。半数近くまで減らしました。

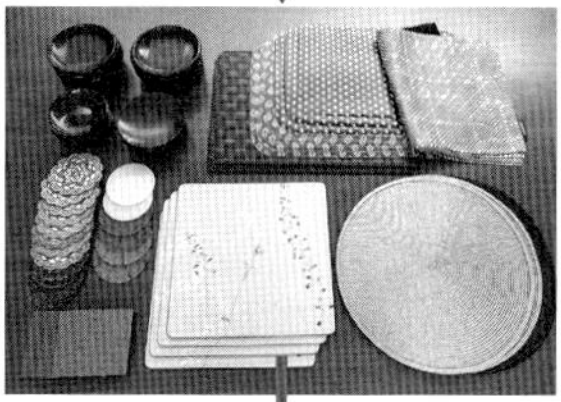

STEP・4 収納する

使うモノのそばに
カゴなどにまとめて

湯飲みのそばに茶托……など、同じ時に使うモノをひとまとめにして収納すると、家事の効率がアップ！

仕切り付きトレイで
出し入れしやすく

100円ショップの仕切り付きトレイを使うと、ピタッとモノが収まり、引き出しの中がゴチャつきません。

よく使う食器はラクな姿勢で出し入れできる場所に。アラフィフになったら、体力を考慮して収納を考えます。

Before

After ←

動線＆危険を考えて吊り戸棚には軽いモノを

重い器はシンク下の引き出しへ移動。替わりにボウルや、サッと手に取れるマグカップなどを置きました。

「年齢とともに、手にズシッとくる器を使うのが大変になりますね」

キッチン

背伸びしないと届かない場所に、重い器を置くのはNG

便利なシンク上の吊り戸棚ですが、上段の棚は背伸びしないと届きません。そこに重い器や、高価な器をしまうのは危険です。

Report 4

After

2

3

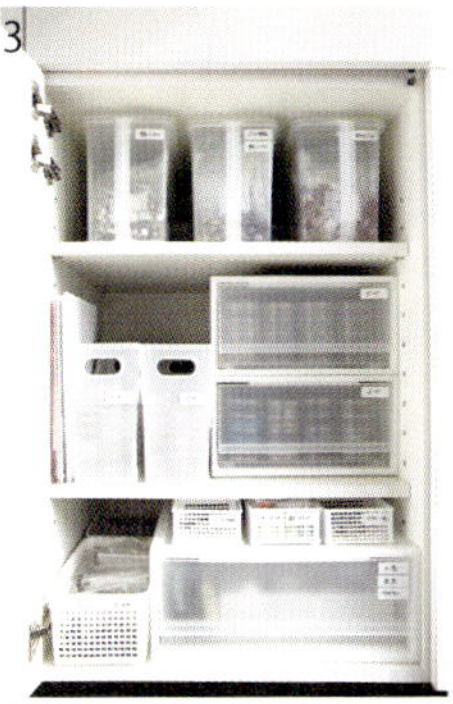

4

収納用品を組み合わせて空間を仕切る

②奥行きのある棚は、引き出し式や、取っ手付きの収納用品を使うと"出す・戻す"がスムーズ。写真はエビスの吊り戸棚ストッカー。
③無印良品の引き出し（写真中段の右）や、ファイルBOXなどで空間を細かく区分けして、使いやすく。
④引き出しの中を透明のケースで仕切って、大きめのビーズケ　スに収納。

Before

1

お店の紙袋や紙箱のままの収納はNGです

①扉付きの収納で中は見えなくても、美しいリビングにふさわしくありません。出し入れもしにくいので紙袋や紙箱の収納はNGです。

リビング

使用頻度に合わせて収納しないと、使いにくい

リビングの天井まである棚に茶器&花器を収納。高い所にお気に入りの花器があるなど、使用頻度を考慮した収納になっていません。

Before

After

身長を考え、低い位置によく使うモノをまとめて

加藤さんの身長で使いやすいのは下から三段目まで。無造作に並べていた茶器と花器を整理し、下三段によく使うモノをまとめました。

加藤さんも同じように、フラワーアレンジメントにビーズ手芸、ゴルフなど多くの趣味を持っています。また、年に何回か海外旅行に出かけ、2カ月に1回は友人を自宅に招いて、おもてなしの時間を楽しむなど多忙な日々を送っています。

やりたいことが多くなると、当然、モノの量も増えていきます。フラワーアレンジの花器類、ビーズや手芸用品、おもてなしのティーセット、コースターなどが壁面収納いっぱいに並び、中でもコースターとランチョンマットは数が多く、二つ合わせると160枚近くもありました！　すべてを使いこなしていればよいのですが、全部出して並べると、「そういえば、こんなコースターがあったわ！」（加藤さん）、「このマット、シミがついて古くなってますね」（中山）という感じで、忘れたままになっていたモノも多くあります。

小さな固まりにまとめると、考えがクリアになって、方針が見えます

豊かな時代に育ち、〝たくさんある〟ことに喜びを感じてきたアラフィフ世代。でも、モノは〝使ってこそ〟価値が生まれます。

「子供たちが高校を卒業するまでは……と思い、母として妻として頑張ってきました。今

後は自分のために時間を使いたい」と語り、そのために、大好きなモノに囲まれて時間を過ごせるLDKを完成させたはず。それが、モノも収納場所も多すぎて、死蔵されてしまうのは、もったいない話です。

LDKの整理は、それぞれのアイテムの仕分けからスタート。①頻繁に使うモノ、②年に何回かは出番があるモノ、③誰かに譲るモノ、④傷んでいるので、処分したほうがいいモノ、⑤思い出の品、にまとめていきます。すると、「このマットは何となくいいなと思って買ったけど、好みじゃないと気づいたので譲ります」、「これは汚れているから捨てます」と、加藤さんがご自分で積極的に仕分けをするようになりました。

これぞ、片づけの特効薬のひとつ、"仕分け効果"です。人間は漠然としたモノの固まりを目の前にすると途方に暮れますが、小さな固まりに分けていくと頭の中がクリアになって、取るべき方針が見えるようになります。「どこから手をつけていいか、わからない」と悩んでいる時は、まずは仕分けで考えをスッキリさせましょう。

「気がかりだったおもてなし用品がスッキリ収納できました」

これから、お客様を招いてお茶を楽しむ機会を増やしたいですね

若い頃から"好きなコトとか、モノ"がいろいろあって、何か気になる品物を目にすると、まとめて"大人買い"をするクセがありました。今の家は収納がたっぷりあるせいか、その傾向がますます強くなっていた気がします。

今回、中山さんと一緒におもてなしグッズを仕分けするうちに、私が本当に好きなのはキラキラとしたモノ、かわいらしいデザインや形だったということを思い出しました。当然ですが、大好きといえないモノは出番が減るので、この機会に整理して、使ってくれる人に譲りたいと思います。

おもてなしコーナーや、趣味用品の収納が使いやすく効率的になったので、これから、自分が楽しむための時間をもっと増やしたいと思います。

思い出の品は、数を絞って残しましょう

海外赴任する時に友人から贈られた来客用のお箸、初めて自分で買ったティーセットに合わせて選んだコースターなど、思い入れがある品物は数を決めて残しましょう。

加藤さん宅の

『LDK整理』のまとめ

1 モノは使ってこそ、“生きたモノ”になります。収納空間にゆとりがあっても、持つのは使いこなせる数に絞りましょう。

2 どこから手をつけていいかわからないと悩んだ時は、モノを小さなグループにまとめると片づけの方針が見えてきます。

3 買う前に置く場所があるか考えて。ひとつ買ったらひとつ処分（人に譲る）を心がけ、モノの適正量を守りましょう。

中山さんからのメッセージ

人との関わり、もてなす気持ちを大事にされているのはとてもステキなことです。今後は、特に好きといえるモノを厳選して手が届きやすい場所に置き、頻繁に使いましょう。来客用のティーセットを、「もったいない」と年に１～２回しか使わないのは、それこそもったいない！　まずはご自分の心地よい時間のために出番を与えてあげて。

Report 5

シニア世代の部屋の問題が増えています
どうしますか？ 親の家の片づけ

最近、親の遺品整理に大金がかかることがメディアで話題になっていますが、私たちも、「親の家を片づけてほしい」という依頼を受けることが多くなってきました。親の家の片づけはどう進めるべきか、考えてみましょう。

「あなたも70代になったら、私の気持ちがわかると思うわ」

５年前にご主人が他界して、70代で一人暮らしをしているAさん宅のお片づけに伺った時のことです。依頼主は息子さん夫婦で、「キレイ好きだった母が、最近、全然片づけや掃除をしなくなった。ガラクタだらけになっているので、何とかしてほしい」という相談でした。２ＬＤＫマンションのリビングには、衣類、タオル、雑貨の空き箱、新聞などの山ができて、ホコリっぽい空気が漂っています。冷蔵庫を開けると、一人暮らしとは思えない量の食品がギッシリ。その大半が賞味期限切れで、少し臭いがします。

シニア世代のお宅の片づけ経験がまだ少なかった私は、少しでも早くキレイな部屋にしてさしあげようと、どんどん作業を進めていました。その時です、Aさんが私に冒頭の言

一人で暮らす親の家が、いつのまにか散らかった部屋になっていることも…

葉をかけたのは。「ガラクタに見えても、ここにあるのはすべて必要なモノなの。以前、息子が捨てようとした時は、悲しくて胸が張り裂けそうだった。あなたも70代になったら、こういう気持ちがわかると思うわ」と……。

最近、シニア世代のお宅の片づけについての相談が、とても多くなっています。「体力がなくなって、片づけを先延ばしにする自分がイヤで、何とかしたい」というご本人からの依頼もあれば、「両親の家はモノが多すぎて、孫を見せに行くこともできない」という、息子・娘さんからの相談もあります。

私たちの会社では遺品整理はやりませんが、寝室と納戸が数え切れないくらいの服で埋まり、100足近い靴、大量のバッグを持っている方がいて、亡くなった後の遺品整理が大変なことになるのでは、と感じたことがあります。その方は、「疲れることはしたくないから、私が死んだ後、子供たちが整理すればいいわ」と言っていましたが……。

年齢を重ねるとモノが捨てられず、部屋が汚くなるのはなぜでしょうか。ひとつには、体力と気力の低下があります。体力が落ちると思うように体が動かず、捨てることがつらくなります。また、気力が衰えると何ごとも面倒になり、〝出したら戻す〟を徹底できなくて、出しっぱなしのモノが増えます。モノが増える→捨てられない・戻せない→さらに増えるという"負のスパイラル"が、汚部屋を生み出すのです。

戦後のモノが少ない時代に青春を過ごした親世代にとって、"モノは自分が生きてきた証"です。私は、「モノに自分を映し出さないでください。過去ではなく未来を見ましょう」という話をよくしますが、これは、長い未来がある若い世代に言えること。思い出こそが生き甲斐で、思い出が息づく品物を大事にされている方に、「多すぎるから捨てましょう」というのはとても酷なことだと、後に気づくことができました。

とはいえ、どんどん増える荷物を放っておくわけにはいきませんよね。

では、親世代の家の片づけは、どのように進めるべきでしょうか。まず、"捨てる"という言葉は使わないようにしましょう。そう聞いたとたんに心が閉ざされてしまうので、「たくさんあるから同じ種類のモノだけまとめよう」、「散らかっている場所を整えて、キレイにしよう」、などと声をかけてみましょう。

以前、自分は黒い服しか似合わないと思い込み、黒い色ばかり買われるお客様がいました。衣類を3つのタンスに分散収納していて、自分が大量の黒い服を持っていることに気づきません。そこで、「黒い服だけまとめてみましょう」と全部出して並べたところ、な

Report 5

んと、100着近くありました。その一着ずつについて、「この服はどんな時に着ますか?」、「これとこれは似てますね」と確認していくうちに、自分から「こっちの服はもういらないわ」と処分されるようになったのです。

年齢を重ねるほど、モノを捨てるには勇気が要るし、決断もどんどん遅くなっていきます。時間がかかって大変な作業ではありますが、若い世代の人間が親世代に歩み寄り、心に寄り添って一緒に考える時間を持つ……これが汚部屋から脱出するひとつの道ではないかと、私は考えています。

お子さんから依頼があった時、まず私は、ご両親のサイドに立ってお話を聞くことから始めます。心に抱えているモヤモヤを吐き出すことで、現状と向き合う気力が湧いてきますから。

みなさんも、ご両親の気持ちになって少しずつ、ゆっくり、片づけを進めてください。

Report 5

神奈川県 佐々木重利さん（66歳）

佐々木重利さん

会社員。子供の独立後、マンションで妻と二人暮らし。母は27年前に他界、昨年、93歳で亡くなった父の遺品整理を経験した。

生前に片づけておいてくれたら…心身が疲労する親の遺品整理

社会問題になりつつある親が死んだ後の荷物の片づけ。父の遺品整理を体験した佐々木重利さんが、整理の過程とその大変さを語ります。

93歳で父親が他界。住み手のない実家（一軒家、5DK）の、荷物を整理することになった佐々木重利さん。「当初はどこから手をつけていいかわからず、しばし茫然としていました」と当時を振り返ります。「最後は業者に頼むことになるかもしれないが、できるだけやってみようと、妻と二人で片づけに取りかかりました。衣類の整理は順調に進んで、大きなゴミ袋に15個分の衣類をまとめることができたんです」。

とはいえ、押し入れには5組の客用布団が詰め込まれ、キッチンには、一人暮らしには多すぎる調理道具や食器が残されています。さらに仏壇や電化製品、大型家具の処分もあり、課題は山積みです。

「仏壇は小さなものに買い換えて、購入した仏壇店に引き取ってもらいました。運搬と焚きあげにかかった費用は2万円です。布団について行政に相談したところ、"雨に濡れないようにして粗大ゴミの日に出してください"と言われたのですが、数が多いし、マットレスは重くて運ぶのが大変です。粗大ゴミのほうが費用は安いが、手間を考えて、やはり業者に任せようということになりました」


父の死から一年半……。やらなければ、と思ううちに時間が過ぎて、ようやく業者を探し始めたところ、実家の近所にあるリサイクルショップが遺品の整理・回収をしていることがわかりました。

「調べてみると、一軒家の遺品整理は、最低でも30万円以上はかかるようです。その点その店は、回収した家具などを売っていいという条件付きで、税込み20万円だったのでお願いしました」

Before

生活の臭いが濃厚なキッチンは片づけ時間がかかる場所

使いかけの調味料や愛用していた食器類……。生前の暮らしぶりが色濃く残る台所は、整理に時間がかかる場所。「ゴミの分別が複雑だし、何となく気が重くて、途中で諦めました」(佐々木さん)

割り切って専門の業者に頼むと、片づけがスムーズ

佐々木さんが頼んだのは、軽トラックとワンボックスカーに荷物を満載するプラン（スタッフ3名付き）。3日間の作業で、およそ12tの積み荷を載せることができます。

「自分たちでやると、たとえば〝古い服ばかり着ていて、せっかくプレゼントした服が新品のまま置いてある。親父ときたら……〟と、つい感慨にふけってしまいます。その点、業者は何の思い入れもなく作業をするので、あっという間に片づきましたね。遺品整理には、〝残された者が気持ちを整理する時間〟という側面もありますが、そこにこだわらなければ、心身にかかる負担を考えると、業者に頼んだほうがいいと私は思います」

すべての荷物を整理する前に、インターネットで探した古物商に、実家に置いてある古い品物の鑑定を依頼。

「母が使っていた茶道具や木製の鏡台など、果たして骨董とし

「感情的な部分を割り切ることができれば、業者に頼んだほうが、心身ともにラクです」

専門業者に頼めば
2〜3日で片づけが終わる

「3名の作業スタッフが遺品をてきぱきと片づけて、3時間くらいで軽トラックとワンボックスカーが荷物でいっぱいになりました。私たちではこうはいきません」（佐々木さん）

Report 5

ての価値があるのか、調べてもらったんです。茶道具は需要がないという理由で、鏡台は、その古物商が家具を扱っていないため、買い取ってもらえませんでした。骨董品の人気は時代とともに変わるものですね。一番値がついたのは、ある名のある作家がつくった土人形で、5体を2万5千円で引き取ってもらえました。意外なものに値がつくことがあるので、これはと思う品があれば、鑑定してもらうといいのでは」

再生して活用する

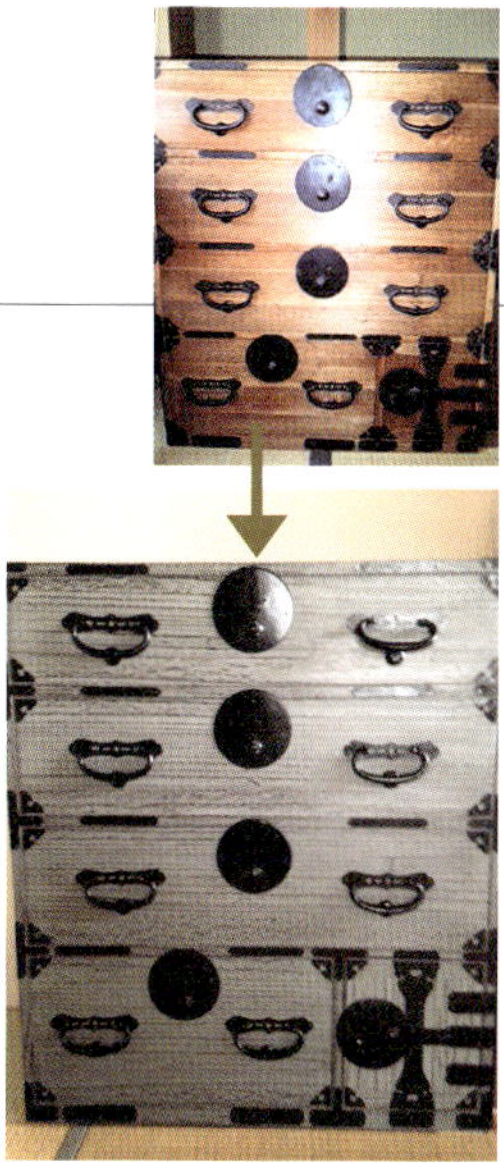

母の形見の『桐たんす』は唯一、修理して再活用

「家具はほとんど処分しましたが、母が嫁入り道具で持参した桐のたんすだけは、たんす店で修理して再活用することにしました。修理期間は2カ月半、25万円掛かりましたが、母の歴史が刻まれた品なので、大切に使いたいと思います」

食器類や生活用品は分別廃棄に苦労する

陶器、ガラス、鉄、プラスチック……。あらゆる素材が使われている食器や調理道具、生活用品は、捨てる以前に自治体のルールに合わせて分別するのが大変です。

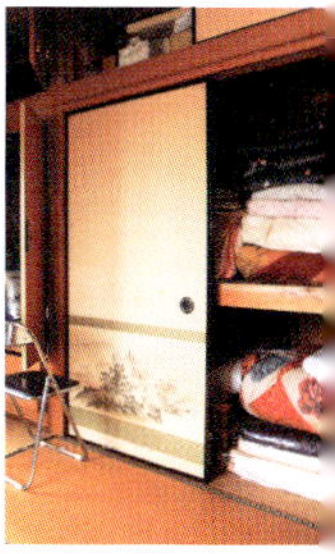

特に処分に困るのが大型の家具や大量の布団

マットレスやベッドは粗大ゴミで出せますが、ゴミ置き場まで運ぶのが大変です。タンス、食器棚などの大型家具もまとめて業者に頼んだほうが、多少費用がかかっても効率的。

子供にモノ＝負の遺産を残さない暮らしを心がけたい

今回、遺品整理にかかる時間や、精神的&金銭的な負担を経験して、自分たちの子供には、「モノという〝負の遺産〟を残さないようにしたい」と語る佐々木さん。

「93歳という年齢にしてはよく片づけてあり、家の中もキレイですね、と業者の方に言われましたが、それでも、父の遺品の片づけには相当の時間と費用がかかりました。私たち夫婦は引っ越し好きで、その都度、不要なモノを処分してきたので、今後も荷物を増やさない暮らしを続けていこうと思います」

「ただ、本と写真だけは、なかなか捨てられなくて……」と微笑む佐々木さん。どうしても手放せない思い出があっても、それはいいのです。自分に万一のことがあった時、どう処分すればいいかの指示を子供たちに残しておきましょう。

After

何もない部屋に深い感慨が…

３日間ですべての道具が片づけられ、ガランとした佐々木さんの実家。「これですべて終わったと思うと、やはり感傷的な気持ちになりました」

Report 5

業者選びのコツは？

地域密着のリサイクルショップは料金がリーズナブルで狙い目

遺品整理を行う業者はたくさんありますが、「予想外にリーズナブルだったのが地域のリサイクルショップです。私は『便利屋横浜サポート』という店に頼みましたが、引き取った品を販売する可能性もあり、多少値引きしてくれました」

在りし日の両親の写真は処分に悩むモノのひとつ

「今回、初めて見る写真がけっこうありました。全部は持っていけないので、いくつかセレクトして残りは業者の手に。個人情報なので、裁断機にかけて処分すると聞いて安心しました」

需要のあるこけし人形には高値が

「意外だったのがこけし人形です。けっこうコレクターがいて、店に置くと売れるということで、写真左の鳴子のこけしをはじめ、すべてリサイクルショップが引き取ってくれました」

骨董ファンに人気がありそうな古い家具だが…

茶道を習う人が少ないので茶釜の買い取りは不可に。外国人に人気がありそうな鏡台も、家具を扱わない古物商だったため引き取りはNGでした。

佐々木さん宅の実家の遺品整理

中山さんからのメッセージ

遺品の整理はお父様の気持ちまで処分するようで、とても気の重い作業だったと思います。片づけは自分のためだけでなく、家族や身近な人にもわかるようにモノを管理することです。残された人の気持ちを考え、自分の身にいつ何があってもいいように、モノを最後まで管理して行き先を決めておきたいですね。

お手本 *Report*

東京都 高橋洋子さん（52歳）

木の温もりを生かしたシンプルなＬＤＫ モノが少ないから風通しよく暮らせる

「好きなモノだけを集めたら、自然とモノが少なくなりました……」。そんな、シンプルな生き方を実践している女性の暮らしぶりを紹介します。

「チェストもソファも必要ないから」（高橋さん）と、食卓と椅子だけが置かれたＬＤＫ。緑の庭に面した窓を開けるとサーッと風が吹き抜けます。家中のどこにもよどみがないことがいかに気持ちよいか、しみじみ実感できるお宅です

塗りの器は何度も修理して長く愛用したい

25年前に購入した岩手県の伝統工芸・浄法寺塗の器。「割れや剥離ができても、塗りの器は修理すればまた使えます。お気に入りの器は何度も直しながら、長く活躍させたいですね」

譲る・寄付するモノは目につく場所に置く

「誰かに譲ろうと決めたらなるべく早く相手に渡して、モノに活躍の場を与えてあげたい」という高橋さん。そう決めたモノはカゴに入れて、目につく場所に置いておきます。

ちょこっと時間を使って整理。不要品をためない

月2回、空き時間を使ってモノの整理を実施。お湯が沸くのを待つ間に、洗濯機をかけながら……など、家事の合間に見直すクセをつけると不要品がたまりません。

代用できるモノは買わない・持たない

洗面所の収納棚にはバスタオルがありません。「フェイスタオルで十分体を拭けますから」と高橋さん。代用できればそれを使ってモノを増やさない、潔い考えですね。

1階

本当に好きなモノだけを選んだら、『モノ』を持たない暮らしになりました

お手本 *Report*

風情ある木造2階建ての住宅で、夫、長女と三人で暮らす高橋洋子さん（仮名）。広々とした玄関には背筋がスーッと伸びるような、透明な空気感が漂っています。木の温もりを感じるゆったりしたＬＤＫには、ダイニングテーブルと椅子が置かれているだけ。どこの家でも見かけるソファセットやチェストなどがありません。ご主人の仕事の事情で、結婚後、９回の引っ越しを経験。その過程で、仕分ける→処分するを繰り返してきた結果、現在の〝使わないモノは置かない〟暮らしにたどりついたと語ります。

「20代の頃は今よりはモノが多い生活をしていて、うっかり指輪をなくしてしまったことがありました。長年の経験から、家の中が片づいて気に入ったモノだけに囲まれていると、ストレスを感じないし、考えも整理されるとわかってきました。今は、モノの量が自分の許容量を超えると、〝ああ、苦しい〟と感じますし、出番のない〝止まった状態のモノ〟がひとつでもあると、使ってくださる人を探さねばと、そわそわしてきます（笑）」

2階に上がると、階段の右手に家族共有の書斎があります。東日本大震災が起こった後、

書斎にあった子供向けの図書は、被災地で暮らす子供たちの役に立てばと、すべて送りました。息子たちの部屋は夫婦の寝室に変わり、少しの思い出の品をのぞいて、彼らの荷物は何も残っていません。なんと潔いのでしょう!

「これからの人生設計は、自分の夢を実現することと、夫婦二人で楽しむことを中心に考えていきたいと思います。高校を卒業するまでは、と思って母親業を頑張ってきたので、あとは自分たちの好きにしてね(笑)という気持ちです」

そんな高橋さんの夢は、自宅で少人数向けのヨガ教室を開き、心と体の健康を育むためのさまざまな情報を伝えていくことなのだそう。

「指導者養成コースを修了したら2階の踊り場を使って、4~5人のヨガクラスをやりたいと思います。仕事や子育て、介護などで疲れた女性たちが、ヨガで心身をリラックスさせ、少しおしゃべりを楽しんで帰る……そんな安らぎの場を提供できたら」

「本当に必要なモノは何か?」と何度も自分に問いかけながら、つくられてきた高橋さんらしい生き方……。いつも思うのですが、お片づけと人生は密接に繋がっています。みなさんもぜひ、お片づけを通じて、自分らしい生き方を見つけてください。

2階

思い出の品はひとつの収納箱に絞って管理

卒業証書、作文など子供たちの思い出の中でも、現物を残しておきたいモノはこの衣装ケースひとつに保管。入れ物の数を絞り、選別して残すことが大事です。

客室の押し入れにもこれだけの空間が！

下段には季節外の衣類を入れた茶箱、上段は思い出の保管箱と布団がひと組あるだけ。

夫のクローゼットもこんなにスカスカです！

トップスや下着類は別の場所にありますが、今着る服の中でハンガーに掛けるのはこれだけ！ 驚くべき潔さです。

大事なモノは写真に撮って残すとコンパクト

子供たちが描いた絵は写真に撮り、他のスナップと一緒にアルバムに貼って保存。こうすると場所を取りません。

「踊り場に家具を置くことも考えたけど、収納より何もない気持ちよさを選びました（笑）」

スッキリした
家だからかなう
私の夢

いつかここで
ヨガ教室を開きたい

７年前からヨガを始め、日々の生活にもヨガ的な実践を取り入れています。「体験から得たことをお伝えできたら」

家族共有の書斎。子供たちの
巣立ちもあり、本は寄付しました

２階につくった読書コーナー。以前は壁面の収納棚に絵本や児童書、文庫が並んでいましたが、「東日本大震災の被災地で暮らすお子さんに喜んでもらえたらと思い、寄付しました」と高橋さん。これからは、夫婦のための蔵書が並んでいくのでしょう。

お役ご免になったピアノは
早めに誰かに譲ります

子供たちが弾いていたピアノやライティングデスク。状態がよくまだ十分使えるので、譲る相手を探して活用してもらいます。

高橋さん
宅の

中山さんからのメッセージ

子育て時代はたくさんの愛情を子供たちに注ぎ、巣立った後は夫婦の時間、自分の時間に愛を注いで、ステキな人生を送られていますね。代用できるモノは買わない、持たないという考えはまさしく“お片づけの極意”です。好きなモノだけに囲まれ、モノにも人にも依存せず、“自分がメイン”の幸せなライフスタイルをいつまでも続けてくださいね。

コラム.2

中山さんのキレイが続く習慣 vol.2

収納用品の色や形を揃えることも、スッキリ見えるコツ

少ない労力で家の中が片づいて見えたら、うれしいですよね。そこで活用したいのが、持ちモノや収納用品の色や形、素材感などを、"同じモノで揃える"という収納テクニックです。

たとえばフェイスタオルや、細々した日用品をま

収納のコツを知って
少ない労力で
よりキレイに！

とめて収納するカゴやトレイ。こういうモノを並べて置く時は、色やデザインを同じにすると統一感があってキレイだし、スッキリ見えます。

また、わが家の収納用品は、白、アイボリー、クリアなどの、やさしい色でまとめています。視覚が片づけに与える影響は案外大きくて、引き出しを開けた時に強い色が大部分を占めていると、ゴチャついて見えるし、「しまうのが面倒だ」と感じることがあるからです。

慣れてきたら、たたみ方にも意識を配ってください。きちんとたたまれたタオルや衣類が折り山を上にして収まっていると、見た目がキレイで気持ちがいいし、出し入れもしやすいので、自然とこの感じをキープしたいと思うようになりますから。

❶アラフィフ世代ならタオルにもこだわりを。シンプルで質がよいモノに統一しましょう。
❷・❸収納用品は白、クリアで統一。引き出しを開けた時にゴチャついて見えません。

コラム.3

お片づけの現場は人間ドラマとの出会いです！

部屋の状態と持ち主の心模様は、不思議なくらいリンクしています。私がお片づけの現場で出会った衝撃のエピソード、クスッと笑える愉快なエピソードをご紹介します。

膨らんだ缶詰が破裂!? あわやの大惨事!?

パントリーの奥から出てきた賞味期限切れの果物の缶詰。ぷっくり膨らんで、今にも破裂しそうです……（ドキドキッ）

中山「ぱんぱんに膨らんでますねえ」

Aさん「そうなんです。触るのが怖くて15年以上捨てられませんでした」

中山「（15年……）では、今日こそ捨てましょうね、エイッ！」と、缶切りをふたに刺すと、ビューッと1m近い水柱が!!

中山・Aさん「すごい、水鉄砲みたい！」

Aさん「捨てないでおいてよかった、これ、自分一人じゃ無理だわ～（笑）」

【中山からひと言】鉄と酸が反応して、賞味期限切れの缶詰が破裂するケースが報告されています。期限は必ず守ってくださいね。

お片づけには
涙と笑いの
ドラマがあります

ダイエットの成功を待ちますか？ 買い直しますか？

中山「このジャケット着てますか？」

Bさん「最近、着てないけど、また機会があったら着ようと思ってます」

中山「（かなり小さめだけど……）サイズのほうはどうですか？」

Bさん「大丈夫ですよ、ほらっ！」と、無理に袖を通したとたん、脇の下からピリッという布が裂ける音が！

中山「………」

【中山からひと言】 大好きな洋服を「いつか痩せて着よう」という女性の気持ちはよくわかります。でも、そうやって3年、5年とタンスの肥やしにするのはもったいない！ 来年の○月まで、など期限を決めてダイエットに挑戦し、達成できなければリサイクルなどに出しましょう。

○○用はいくつ必要ですか？

クローゼットの棚にずらりと並んだトートバッグ。数えてみると14個もありました‼

中山「このバッグはいつ使いますか？」

Cさん「これは近所のスーパーに行く時のもので、こっちは雨の日のお買い物用。こちらはワンちゃんのお散歩用で、これは……」

中山「○○用を少し絞りましょうか（笑）」

【中山からひと言】「たくさん持っていることがいい」とされた時代を生きていたアラフィフ世代には、『○○用』だからとモノを増やしてしまう方が多いのです。使えるモノは使い回して、○○用から減らしましょう。

冷凍庫の奥から出てきた謎の物体は……⁉

中山「これは賞味期限が過ぎてますね」

Dさん「もったいないから今度食べます」

中山「でも、賞味期限が昭和ですが……」

● 冷凍だから大丈夫と思われがちですが、冷凍食品にも賞味期限はあります。下（奥）のほうに古い食品がたまりやすいので、半年に1回は棚卸し&チェックをしてください。

※本文中、イニシャルで登場しているのは、何人かの人物のエピソードをミックスしたものです。

お片づけの
極意

no. 3

片づけが苦手な理由に「捨て時や捨て方がわからない」という人がいます。捨て方がわからなくて、不要品をまとめた紙袋が、部屋の隅に何カ月も置きっぱなしというお宅もあります。捨て方、モノの譲り方の情報を得ることも、片づけに取りかかるのが億劫にならないコツですね。

もっと効率よく
進めるために

知っておくと便利な片づけの情報

出し入れがラクになる収納グッズや、
スッキリ収まる服のたたみ方、
モノの捨て方＆譲り方など、
片づけにまつわる情報をお伝えします！

Part 3

片づけのできばえが断然違います！

収納グッズ&衣類のたたみ方

置く場所や用途に合わせて収納グッズを選ぶと効率よくモノが収まり、出し入れもラクになって、日々の作業スピードがぐんとアップします。形に合わせた正しい服のたたみ方を知ることも必須で、衣類の美的な収納を目指しましょう。

用途に合わせて選ぶ おすすめ収納グッズ

入れるモノの形やサイズ、使い方などを考慮して収納用品を選びましょう。スッキリ見えることもセレクトのポイントです。

【細かいモノを収める】

小物ケース

⬇メイクアイテムやキッチンの細かな調理ツール、アクセサリーなどの収納に。ポリプロピレンメイクボックス・¼縦ハーフ 幅22cm×奥行7.5cm×高さ4.5cm　180円（無印良品）

⬆出しっぱなしでもサマになるので、食卓に置いてカトラリーを入れたり、腕時計、アクセサリーなどの一時置きにしても。木製ケース 幅26cm×奥行10cm×高さ5cm　1000円（無印良品）

【まとめる】

籐のバスケット

⬇ラタンの質感がおしゃれなバスケット。フェイスタオル、マフラー&ストール、キャミソールなど布モノの収納に。重なるラタン長方形バスケット・小　幅36cm×奥行26cm×高さ12cm　2300円（無印良品）

吊り戸棚ストッカー

⬆大きな取っ手付きで、高い位置にある棚に置いてもサッと取り出せます。お茶類、乾物、お弁当グッズなど、用途別にまとめるのに便利。幅17cm×奥行32cm×高さ22cm　514円（ニトリ）

仕切り付き小物トレイ

⬇カトラリーや菜箸、レードルなど長さのある調理ツールの収納に。位置を変えられる仕切りを２個セット。キッチントレースリム　幅34.8cm×奥行8cm×高さ5cm　178円（イノマタ化学）

深さのあるカゴ

➡ゴチャつきがちな大きい（深い）引き出しを整理するのに便利。カゴで仕切って粉モノや乾物、調味料のストックなど入れるとスッキリ。ネームバスケットディープ　幅18.2cm×奥行26.4cm×高さ14.2cm　216円（イノマタ化学）

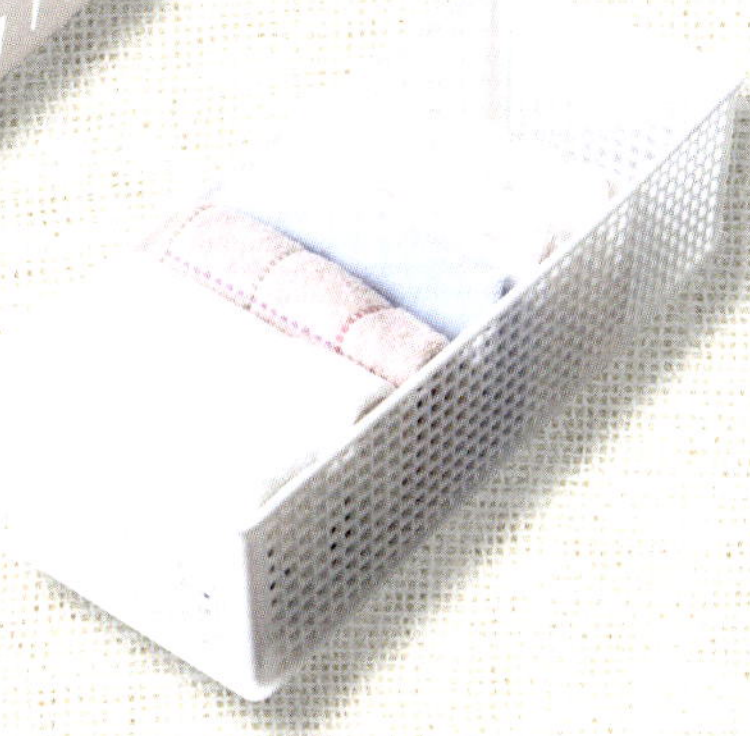

⬅自由に位置を動かせる仕切りが付いたカゴ。ハンカチ、ソックス、ベルト、ヘアアクセサリーといった細々したグッズの整理にぴったり。100円ショップで販売

【仕切る】

仕切り付き衣装ケース

⬅引き出しに入れるＴシャツやカットソーなどの整理に。取り外しできる仕切り２個付き。サッ取りシリーズＴシャツケース　幅27cm×奥行33cm×高さ9.5cm　950円（吉川国工業所）

➡移動＆取り外しできる仕切りを２個セット。くつ下以外にネクタイ、ベルトなどの収納にも。サッ取りシリーズ　くつ下ケース　幅9.5cm×奥行33cm×高さ9.5cm　680円（吉川国工業所）

ブックスタンド

⬆衣装ケースやタンスの引き出しに入れて、衣類の仕切りに。量が減ったら寄せると型崩れせず、季節が異なる衣類の区切りにも。自立しにくいバッグの支えにも。100円ショップで購入

※価格は税込みです。

ファイルボックス

➡しょうゆ、酒など背の高い調味料を入れる、フライパンや中華鍋を縦にして入れてコンロ下に置く、取扱説明書など書類の保管に……などさまざまな用途に。100円ショップ、文房具店などで購入できます

【立ててしまう】

アクリル小物スタンド

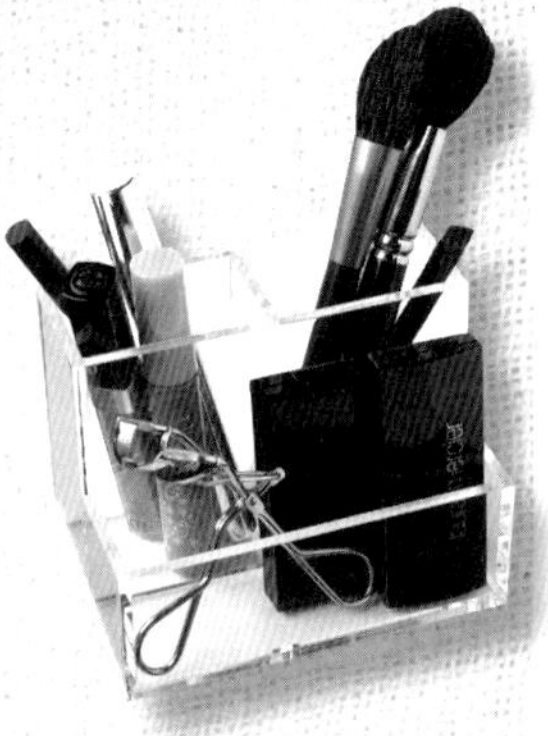

➡メイク用品や文房具など細々したものを収納するのに便利。クリア＆シンプルなデザインで、洗面台の上でも目立たずスッキリ。幅13cm×奥行8.8cm×高さ9.5cm 840円（無印良品）

【衣類をしまう】

ハンガー

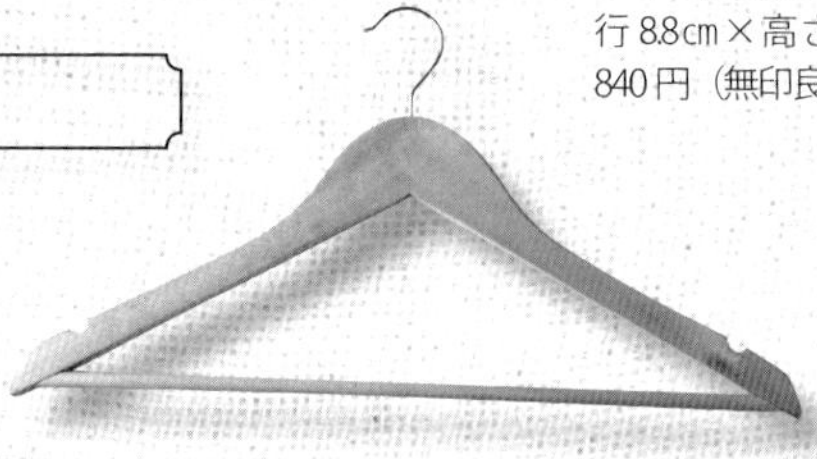

➡質感がやさしく、洋服の生地を傷めない木製がお勧め。男性の場合は幅40cm、女性は幅38cmを目安に選ぶと型崩れしにくい。木製ハンガー 幅38cm　5本セット 410円（ニトリ）

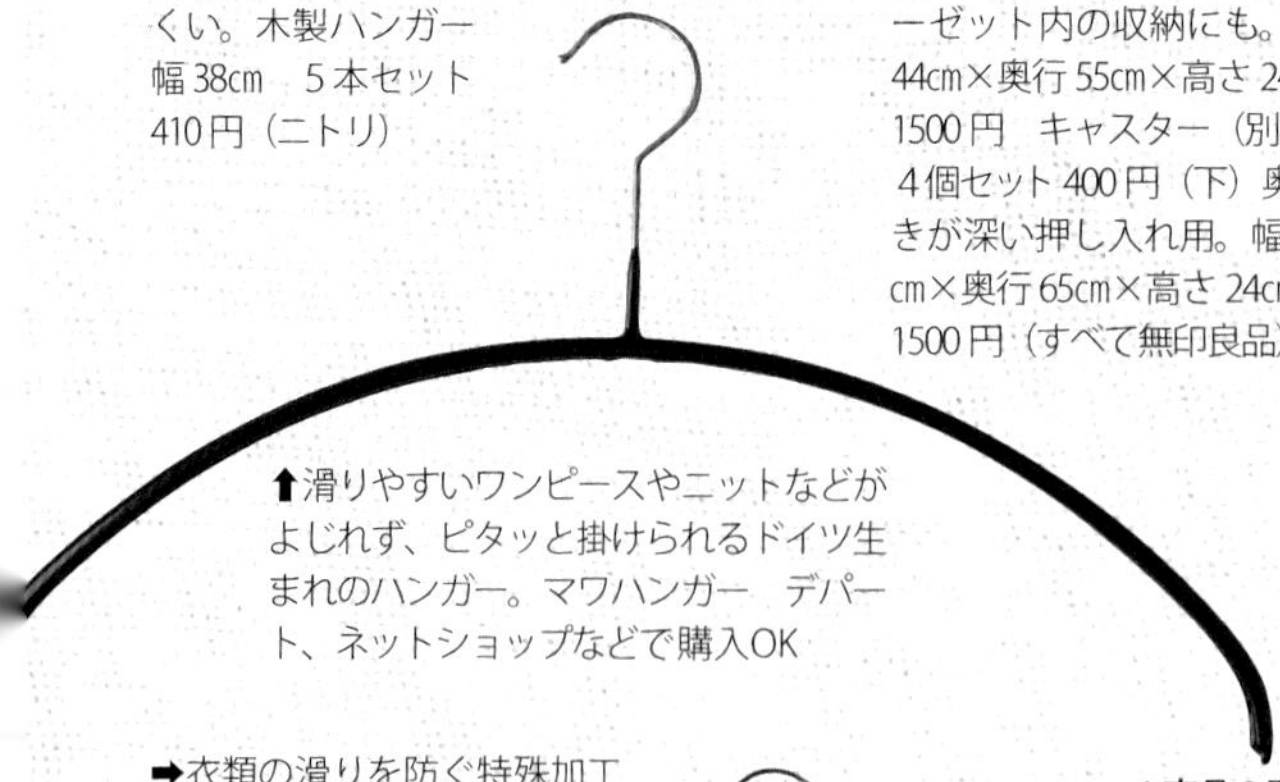

⬆滑りやすいワンピースやニットなどがよじれず、ピタッと掛けられるドイツ生まれのハンガー。マワハンガー　デパート、ネットショップなどで購入OK

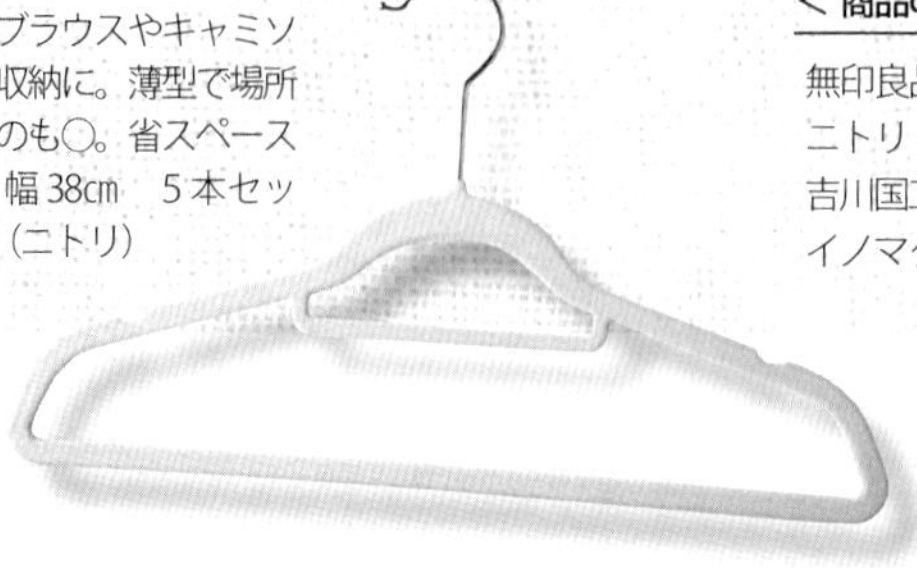

➡衣類の滑りを防ぐ特殊加工が施され、ブラウスやキャミソールなどの収納に。薄型で場所をとらないのも◯。省スペースハンガー　幅38cm　5本セット　307円（ニトリ）

キャスター付き衣装ケース

➡（上）コンパクトでクローゼット内の収納にも。幅44cm×奥行55cm×高さ24cm 1500円　キャスター（別売）4個セット400円（下）奥行きが深い押し入れ用。幅40cm×奥行65cm×高さ24cm 1500円（すべて無印良品）

＜商品の問い合わせ先＞

無印良品 有楽町　☎03・5208・8241
ニトリ お客様相談室　☎0120・014・210
吉川国工業所　☎0745・77・3223
イノマタ化学（河内物産）　☎0721・70・7028

衣類を出し入れしやすくしまうコツ

収まればOKと思っていませんか？ たたみ方や掛け方を少し工夫するだけで、美観も収納量もグッとアップします。

衣装ケースを縦にしてしまう

⬇衣装ケースに衣類をしまう時は、①内箱を写真のように縦にする、②たたんだ衣類を下から上に積み重ねていく……という手順で行うと、重ねた衣類の重さで収納量が２～３割増えます

ブックエンドで仕切り倒れにくくする

⬆タンスや衣装ケースの引き出しに衣類をしまう時は、折り山を上にして立てて入れると見栄えがよく、出し入れもラクです。ブックエンドを仕切りにすると、数が減っても洋服が型崩れしません

思い出の品、保留品の保管に

ソフトボックス

思い出の品や処分に悩む品物の一時保管は、入れ物を決めてまとめておきます。ポリエステル綿麻混・ソフトボックス・長方形・中・フタ式 幅37cm×奥行・高さ26cm 1500円（無印良品）

奥から手前に一列に色別に分けて並べる

⬅衣類をしまう時は色別に分けて、奥から手前へと一列に服を並べましょう。こうすると、「黒いカットソーが２枚ある」など、ワードローブを視覚的に把握できて、重複買いなどのムダを省けます

アイテムごと＆丈を揃えて並べ、空間をつくる

➡①コート類、ジャケット類、ワンピースなどアイテムごとに衣類をまとめる、②短い服→長い服へと長さを揃える。この手順で洋服を掛けると、クローゼットの下部に収納用品を置く空間をつくれます

スッキリ収まるたたみ方のコツ

形も大きさもさまざまな衣類は、それぞれの形状に合ったたたみ方をすると、気持ちよく収納できます。

下着

1

下着を広げて床に平置きする

2 3

両サイドを内側に向かって折りたたむ（端が真ん中に来るようにする）。長方形になるように形を整える

4

ウエスト部分を真ん中まで折りたたみ、股の部分をウエストに入れ込む

パンツ

1

両足を広げたまま床に平置きする

2

両足を重ねて二つ折りにたたむ

3

ズボンの真ん中で合うように裾とウエスト部分を折りたたむ

4

たたんだウエスト部分の間に、裾を挟み込んで完成！

セーター

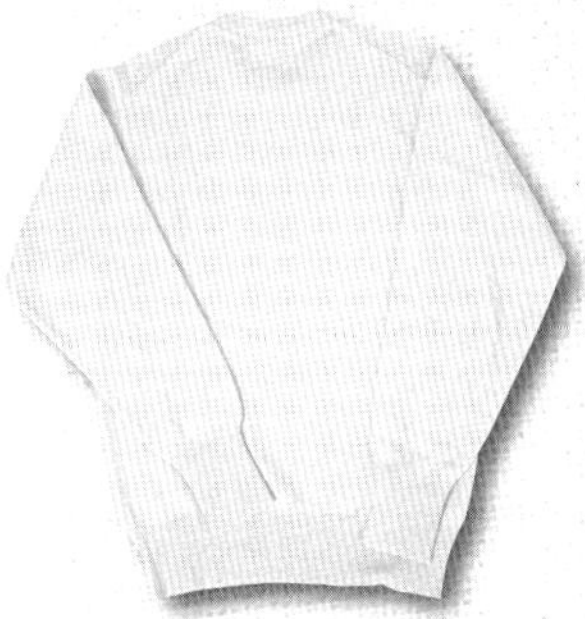

1

セーターの後ろ身ごろを上にして、床に平置きする

2

肩の付け根のラインに合わせるようにして、片袖を内側に折りたたむ

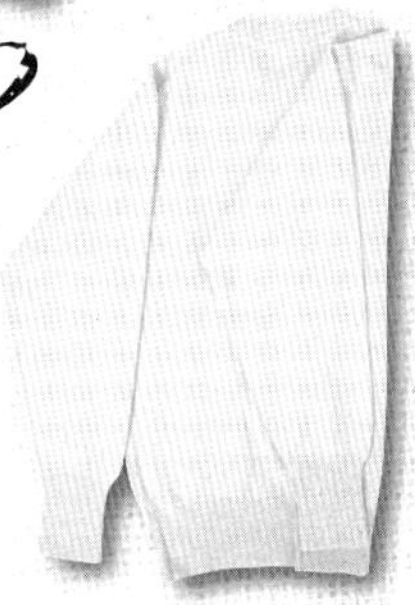

3

反対側の袖も同じように折りたたんで、長方形になるように形を整える

4

下から 1/3 くらいの高さまで裾を折りたたむ

上から 1/3 を真ん中に向かってたたみ、四角い形にして完成

5

キャミソール

1

身ごろを上にして床に平置きする

2

縦半分にたたんでカップを重ね、肩ひもを身ごろの上に載せる。裾を、全体の長さの 1/3 くらいのところまで折りたたむ

3

収納用品の高さに合うように三つ折りにしてできあがり

ストッキング

4

3

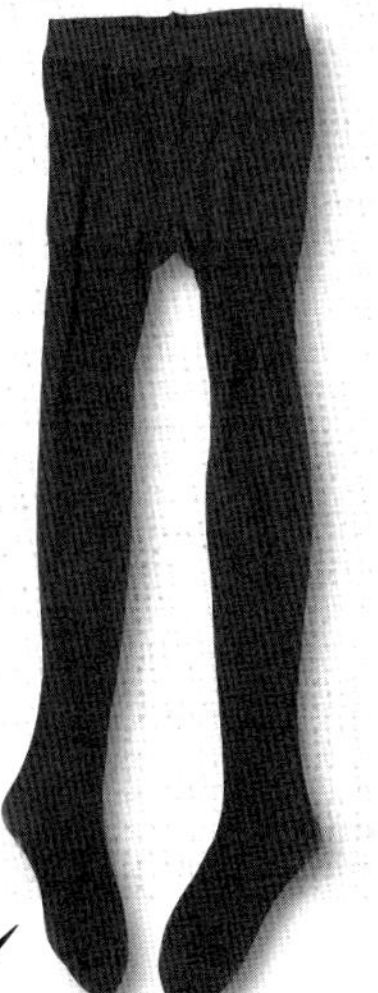

❶床に平置きする。❷両足を重ねて二つ折りにする。❸つま先を上に折り、長さを半分にする。❹さらに 1/4 の長さにたたんで、ウエスト部分の間に裾を折り込む

2 1

行く先があれば、手放しやすい！リサイクルショップ・フリマ情報

もったいない、まだ使えそうだからと処分をためらう人は、リサイクルショップやフリマを活用すれば、手放しやすくなります！

【リサイクルショップ】

買い取り幅の広さが魅力。
リピート率78%の人気店

EcoRing

ノーブランドの商品、傷や汚れ、破損した部分などがあって他店では断られそうな品物でも、査定＆買い取りOK。受け入れ幅の広さが魅力で、利用者のリピート率が78%を超える人気リサイクルショップ。これは無理かな？と思った商品でも、ぜひ店頭で相談をしてみては。

●店舗エリア／大阪、兵庫、神奈川、埼玉、千葉、愛知、広島に65店舗を展開 ●買い取り方法／持ち込み、または自宅での出張買い取り（宅配買い取りは一時停止中）●取り扱い商品／ブランドバッグ、財布・小物、時計、宝石・貴金属、洋服、家電製品、金券・チケット、楽器など ●http://www.eco-ring.com/

【フリーマーケット】

フリマガイド fmfm.jp

フリーマーケット専門の情報誌を発行するプレマガジン社が運営する、全国のフリーマーケット情報を紹介するサイト。カレンダー形式で日程を掲載、「●月●日頃に参加したい」という自分のスケジュールに合わせて、該当するフリマを素早く検索できます。値付けのやり方など、雑誌の発行で蓄積したノウハウもあり、フリマのビギナーには心強い味方に。

● http://furima.fmfm.jp/

Fashion Latte

総合ファッション情報サイトが、全国のフリーマーケット情報を紹介。①開催期間 ②場所（アクセス）③出店数といった基本データから、出店料、ブースのサイズ、注意事項など、知っておきたい情報が詳しく掲載されています。また、フリーマーケットごとの特徴の解説もあり、自分が出したい品物と、そのフリマの傾向が合っているか、確認できるのは参考になります。

● http://fashioncity.jp/market/

多少の汚れがあっても
ブランド品ならOK

ブランディア

CMでもおなじみ、ブランド品専門の買い取りサービス。店舗を持たないため、高額での買い取りが期待できると評判に。品物は多少の傷や汚れがあっても、使用に難がなければ買い取りOKです。洋服はカジュアルからハイブランドまで取り扱いがあります。

●店舗エリア／ネット専門で店舗はなし。申し込みは電話、またはネットから ●買い取り方法／宅配（送料無料、専用の宅配キットあり） ●取り扱い商品／バッグ、財布、靴、腕時計、洋服（ブランドもの、ヴィンテージ古着）、ジュエリー&アクセサリー、スマートフォンなど ●http://brandear.jp/

洋服の買い取りに強い
ノーブランドでもOK

ツーハンズ

中部、関西、関東エリアに、リサイクルファッションのチェーン店を展開。シミ、汚れ、毛玉のないよい状態の服なら、オールシーズン&ノーブランドでもOK。売却代金をユニセフに募金することもできます。店頭では、100～972円で低価格販売。

●店舗エリア／愛知（名古屋市）、大阪（富田林市、高槻市）、京都（宇治市）、岐阜（大垣市）、兵庫（尼崎市）、東京（江東区東大島）、千葉（千葉市・松戸市）、埼玉（西川口市・越谷市）に11店舗を展開 ●取り扱い商品／洋服、一部服飾雑貨 ●買い取り方法／持ち込み、宅配 ●http://two-hands.net/

持ち込みなら、一度に
いろんな品物を売却OK

トレジャーファクトリー

関東、および関西圏にリサイクルショップを展開。ファッションから家電まで取り扱い商品が幅広く、店頭での買い取りなら、一度にいろいろな種類の不要品の売却ができて便利です。売っても買ってもポイントがたまるメンバーサービスも魅力。

●店舗エリア／東京、埼玉、神奈川、千葉、大阪、兵庫などに78店舗を展開 ●買い取り方法／持ち込み、自宅での出張買い取り 宅配（送料無料、梱包は紙袋でもOK） ●取り扱い商品／生活家電、家具、ファッション、ブランド品、贈答品、雑貨、スポーツ用品、楽器など ●http://www.treasure-f.com/

パソコン、液晶テレビなど
機械系の買い取りはココ！

ハードオフ

電気&デジタル製品を扱うハードオフのほか、アパレル、インテリア、ギフトなどを扱うオフハウス、古着のモードオフ、玩具のホビーオフなど、複数のリユースショップを展開しています。製造年数によっては買い取れないものも。詳細は店舗に問い合わせを。

●店舗エリア／全国都道府県に789店舗を展開 ●買い取り方法／持ち込み、自宅での出張買い取り 宅配（送料無料、段ボール箱あり） ●取り扱い商品／液晶テレビ、パソコン、デジタルカメラ、携帯音楽プレーヤー、楽器、腕時計、ゲームソフトなど
●http://www.hardoff.co.jp

リセット片づけをした後に、キレイが続く5分メンテナンス

リセットした状態を維持するには、こまめな見直しが必要です。次の3つを実践して、スッキリした暮らしを楽しんでください。

リセット片づけは"ゴール"ではなく、そこからが始まりです。大事なのはスッキリ整った状態をいかにキープできるか、ということ。そこでぜひ実践してほしいのが以下の、1回5分あればできる整理収納のメンテナンスです。

① 1日1回、5分の片づけで乱れをリセット

毎日、寝る前の5分間を使って家の状態をチェックし、出しっぱなしの道具を定位置に戻す、未開封のDMをチェックする、脱ぎっぱなしの洋服をたたむ……など、その日の乱れをリセットしましょう。わずか5分でも毎日続ければ、現状のキープは可能です。また、朝起きた時に家の中が片づいていると、気分よく1日をスタートできますよね。

② 月1回、写真とわが家の現状を見比べる

記憶力は年齢とともに衰えていきます。わが家がキレイになった時の爽快感を忘れないために、片づけが完成した部屋を撮影して、月1回、写真と現状を見比べましょう。「キレイな部屋を保とう！」というモチベーションを高めてください。

③ 3カ月に1回、乱れやすい場所をチェック

人によって散らかりやすい場所は異なります。ハンガーの数が増えていないか、食品の重複買いが始まっていないかなど、気になる場所を3カ月に1回チェックします。

3カ月に1回、クローゼットのチェックを。ハンガーの数が増えたり、色や形が異なるハンガーが混ざっていなければ合格です。ダメだった場合は、収納の仕方を見直しましょう。上記の写真ぐらいのモノの量になってきたら要チェック

捨て時と処分の仕方に悩むモノ12

そろそろ捨てようと思いながら、処分を先延ばしにしている
モノたちが大事な空間を占拠していませんか？
処分に悩みがちなモノの捨てるタイミングと方法をご紹介。
また、行政が引き取ってくれない不要品のリストも知っておくと便利です。

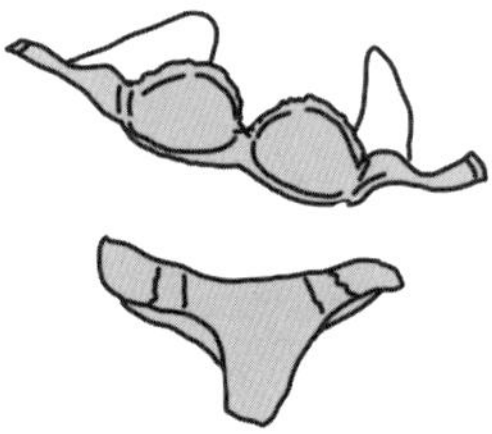

古くなった下着

捨て時には個人差がありますが、下着についているタグが古くなってきたら、取り換え時と考えましょう。小さく切って袋に入れるなど、捨て方に配慮が必要です。

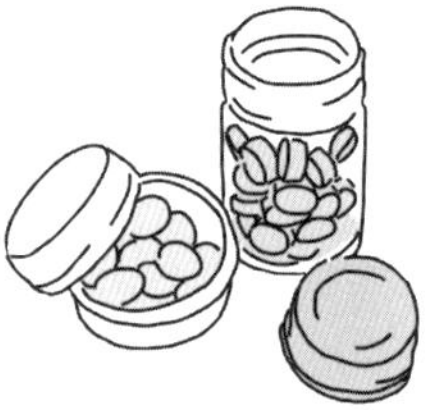

飲んでない薬 サプリメント

市販薬、サプリメントのボトルや袋には消費期限が記載されています。それを過ぎたら飲まずに捨てて。病院の処方薬は日数以内で飲み切るのが前提です、残ったら処分を。

手紙・年賀状

年賀状は過去２年分だけ保存し、古いモノは処分。手紙は処分するのが原則ですが、捨てづらい場合は写真に撮るか、スキャンしてパソコンに保存してもOK。

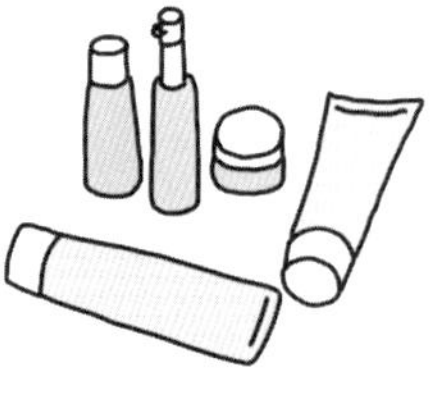

化粧品のサンプル

サンプルをため込んでいるお宅がありますが、試供品は長期の保存を想定してつくられていません。肌につける化粧品類は目につきやすい場所において、１年以内に使い切って。

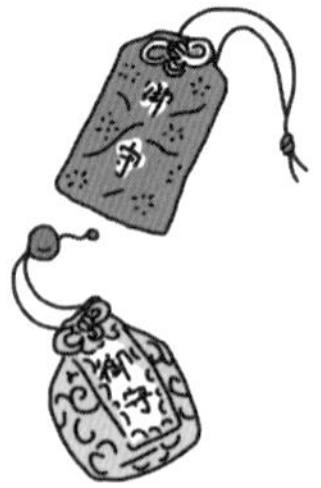

お守り

１年を目安に神社やお寺に返しましょう。"お礼参り"といって、いただいた場所に出かけて感謝の心とともに返すのがベストですが、遠方の場合は近所の寺社でもOKです。

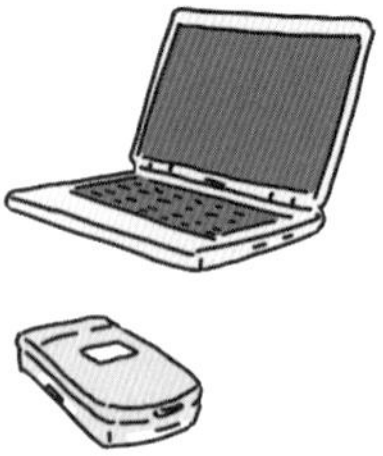

不要のパソコン、携帯電話

「PCリサイクルマーク」のあるパソコンはメーカーが回収します。http://www.pc3r.jp/ で確認を。携帯電話は個人情報の問題があるので、購入した場所で回収してもらって。

＜行政が引き取ってくれない、主なモノのリスト＞

不要になっても、一般的には市区町村が引き取ってくれないモノを知っておきましょう。

「捨てるのが面倒」とわかっていると、絶対に必要ではないモノを買うことを抑制してくれます。

① 家電リサイクル法対象の４品目（エアコン、テレビ、冷蔵・冷凍庫、洗濯機・衣類乾燥機）
② パソコンリサイクル法対象の品目
パソコン本体、ディスプレイ、ノートパソコン、ディスプレイ一体型パソコン
③ 事業に伴って発生した大型のゴミや、オフィス家具
④ ピアノ、耐火金庫、消火器、バッテリー、タイヤ
⑤ 有害性のあるモノ、引火性のあるモノ、危険なモノ、著しく悪臭を発するモノ
※ガソリン・軽油・灯油・塗料、ガスボンベ、バッテリー（自動車、バイク、電動自転車用を含む）
⑥ 毒物及び劇物
⑦ 未使用の花火やマッチ、中身の残っているライター

有効期限が切れたパスポート

有効期限切れのものは処分して差し支えありませんが、シュレッダーにかけるなどして確実に廃棄しましょう。旅の思い出を残しておきたい場合は、記録が残ったページをコピーかスキャンします。

クレジットカードの明細書

口座引き落としは通帳に記録が残るので、明細書が届いて内容を確認し、引き落としが終わったら処分しても大丈夫。最近は、インターネットで過去数カ月にさかのぼって履歴を閲覧することもできます。

傷や汚れがついたバッグ

多少の傷や汚れは、リペアショップで修繕してもらえば、かなりキレイな状態に戻せます。ただし、費用がそれなりにかかるので、買った金額に見合うかを考えて判断を。

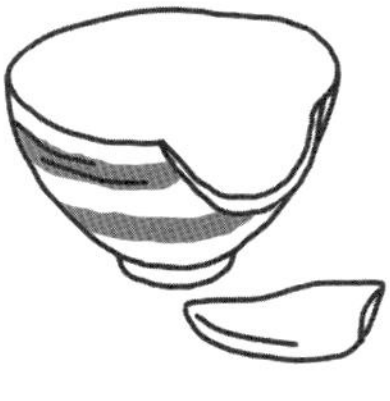

欠けたり、割れてしまった食器

破片があれば、伝統技術の"金継ぎ"を使って修繕できます。修繕のプロに任せてもいいし、DIY ショップで専用の道具の販売も。手間と費用を考えて処分を決めましょう。

スポーツアイテム

スポーツ用品は２シーズン出番がなければ、リサイクルに出すか処分を考えて。スポーツギアは進化が早いので、２年経てば最新のモデルが欲しくなるでしょう。

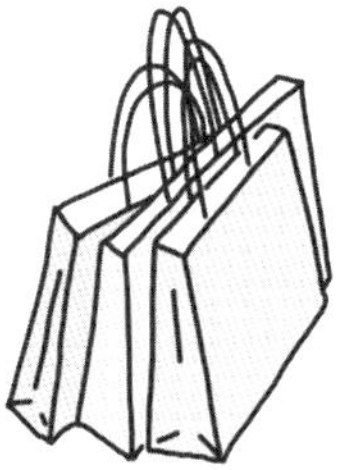

紙袋

100 枚近い紙袋をストックしていた家庭もありましたが、15 枚あれば十分です。お気に入りの紙袋を大・中・小５枚ずつ残しましょう。不要な紙袋は貰わないという方法も。

片づけの現場にはドラマが溢れています！

片づけを経験して人生が変わった、と語るお客様はたくさんいます。
心が癒される、２つのステキなエピソードをご紹介します。

ある60代半ばの女性のお客様、Ａさんのケースです。

片づけが得意で、若い頃は家の中が常にキレイだったのに、年齢が上がるにつれてモノの整理が進まなくなった。「部屋が散らかっているのが本当につらくて……」と、私のところに相談にいらっしゃったのです。

「収納グッズをいくつも買って試してみました。どれだけお金をかけてきたかを考えると、がっかりします」と、Ａさん。Ａさんと同じように、収納用品で散らかりを解決しようと考える方は少なくありません。でも、収納を増やしても、根本的な解決にはならないですし、むしろ収納スペースが増えたことで、さらにモノが増えてしまう〝悪循環〟に陥るご家庭もあります。

Aさんに考慮していただきたいのは収納量ではなく、年齢による心身の変化です。

体力や気力が低下しても、無理しないで片づけられる、その限度を超えてモノを持ちすぎていました。そこで、①片づけ＝収納（モノを収める）ではないこと、②不要なモノを整理して、年齢に見合った量を持つようにすること、③体力の低下を補う、使いやすいしまい方があることを、覚えていただくことにしました。

もともと片づけが嫌いではないAさんですから、収納の基礎を学んでから2週間くらいで、家の中をスッキリ整えることができました。

「この8年間、片づかないことにイライラして、自分を責めてばかりいました。体が変わり、ライフスタイルも変化したのに、老いに目を向けることが怖くて、いつまでも昔のままでいようとしたのかもしれませんね」

最後に、Aさんから、こんなステキな言葉をいただきました。

「人生とともに、片づけも変化しなければいけないのですね。今回、整理をしながら今の自分と向き合い、受け入れることができました。これから始まる新しい人生をどうやって楽しもうか、それを考えるとワクワクしてきます」

片づけが苦手な50代後半の主婦、Bさんのケースです。片づけの依頼をしてきたのは、実は夫のCさん。もうすぐ定年を迎えるから、巣立った子供の部屋を自分の書斎にしたい、「家の中を片づけてくれ」と言うと、奥様が激怒され、ケンカ状態で片づけが進まないということでした。

奥様が怒ったのには理由があります。高度成長期に会社員として働いていたCさんは毎晩帰りが遅く、休みの日も接待ゴルフで、子育ても家庭のことも、すべて自分に任せっぱなし。「夫は自分が働いているから、みんなが何不自由なく生活できるんだと言いますが、私も子育てに頑張ってきた、そのことを認めてほしかったんです」とBさん。ご主人もまた、「家が汚いのをガマンして、一生懸命働いてきたんです。やっと自分の時間が持てるようになったから、書斎が欲しいと思ったのに」と、不満を抱いていました。

夫と妻、それぞれの気持ちを伺った私は、まず、奥様のモノの片づけからスタートしました。家の整理を通じて、心に抱えているさまざまな思いを伺い、子育てに頑張ってきた努力を惜しみな

く讃えることを、何度も繰り返します。

半年ほど経った頃でしょうか、奥様の表情がどんどん明るくなってきたのは。そして、「片づけをしながら気持ちの整理をして、今後、どんな暮らしをしたいか、前向きに考えられるようになりました。最近、夫とゴルフをしようか、旅行に行こうかなんて相談までするようになったんですよ」と笑顔で報告してくださいました。

ご主人もまた、「はじめは、妻のモノの片づけを先にやることが不満でしたが、どんどん変わっていく彼女の姿を見て、中山さんの考えがわかりました。何でも妻に任せっぱなしにして、申し訳なかったと思うし、それで、書斎が欲しいなんて僕のわがままでした。これからは〝二人で考える〟をキーワードにして、力を合わせて頑張りたいと思います」と、心の変化について語ってくださいました。

もうすぐ夫の定年が来る、でも、「二人でどんな暮らしをすればいいかわからない」と悩んでいたら、まず、二人でリセット片づけに取り組んでみてはいかがでしょうか。

片づけにまつわるアレコレにお答えします！

整理収納Q&A

Q 本好きな夫の蔵書がリビングに山積みで困っています。どうしたら読み終わった本を捨てさせることができますか？

――大事なモノを「捨てる」と言われるのは気分がよくないもの。「捨てる」ではなく、「読みやすいように本を仕分けしない？」と整理を促しましょう。読んだ本、読みかけの本、この先読みそうもない本……という感じで仕分けを毎月繰り返すうちに、意識が少しずつ変わり、本人自ら手放してもいいと思う本が出てくるはずです。蔵書に限らず、DVD、フィギュアなど夫（家族）のコレクションを無断で処分するのはNGです。
※希少本など手放したくない書籍は、寺田倉庫の収納サービス「ミニクラ」を利用する手もあります。https://minikura.com/

Q 気持ちが乗って一気に片づけても、再び、モノが増えるの繰り返しです。リバウンドを防ぐ方法はありますか？

――整理（捨てる）と収納（しまう）のバランスが取れて、お片づけは成功といえます。一気に片づけてもすぐにリバウンドする人は、収納法に問題アリのケースが多いですね。使用頻度に合わせて、よく使うモノを手近な場所にしまう。日用品のストックはカゴに入れて一カ所にまとめ、数が増えすぎないように管理するなど、収納法を見直してください。

Q 最近、片づけ＝捨てることになっていて、モノを捨てられない私はプレッシャーを感じています

――捨てるのが苦手な人が一気に処分しようとすると、リバウンドを招くことがあります。捨てることはひとまず脇に置いて、〝今使っているモノ〟と、〝使っていないモノ〟に分けることから始めましょう。収納空間にゆとりが生まれて、使っているモノが出し入れしやすく収まると、仕分けした残りを処分する決意が自然とできるものです。捨てる力だけでなく、仕分ける力も身につけてください。

Q バーゲンが大好きで、ついつい洋服やバッグを買ってしまい、モノを減らすことができません

――アラフィフは買い物を十分に楽しんできた世代です。「安いし、セールだから買わないともったいない」ではなく、自分が持っている服やバッグと合いそうか、クローゼットに置き場所があるか、場所がなければ、古い服を一着処分できるか、をまず考えましょう。購入する前にひと呼吸置いて考えることが大事です。

Q 働いているので、週末しか時間がないし、週末は掃除や洗濯に追われて片づけを実践する時間がありません

――時間がない人ほど片づけるメリットは大きいものです。家の中がスッキリすると家事にかかる時間を短縮できて、仕事にも家事にもゆとりを持って取り組めます。GWや夏休みを利用して年に1～2日、〝まるごと片づけデー〟をつくりましょう。大切な休みなのに、と思うかもしれませんが、2日を惜しんで日々ストレスを抱えるより、2日間頑張って仕事に集中できたほうがいいと思いませんか。

Q 実家の母が買い物好きで、いらないと言っても、食品や日用品を送ってくるので困っています

――子供が何歳になっても、世話を焼きたいのが親心です。お母様の気持ちは傷つけたくない、でも、不要なモノが増えるのは困りますよね。お母様の贈る喜びを保ちつつ、わが家に必要なモノだけをお裾分けしてもらうようにしては？　量が多すぎる時は「ごめんなさい、おいしかったけど、多すぎて腐らせてしまったの」、「××は家族に大好評だったけど、●●は辛すぎて」と、自分が欲しい量や品物をアピール。感謝の気持ちを込めつつ、要・不要を伝えることが大事です。

おわりに

最近、50歳前後の方からの、片づけの依頼が増えています。

50年前といえば、東京オリンピックが開催された年。高度成長期に生まれ、バブル時代に20代を過ごした〝アラウンド50〟世代には、新しいモノ、センスのよいモノ、上質なモノに対するこだわりが、他の世代より強いように思われます。

モノに執着するのは決して悪いことではありません。片づけの現場で、若い頃手に入れた大事な品々を手にしながら、華やかな日々を語られるお客様の楽しそうな姿を目にすると、簡単に「捨ててください」とは言えなくなることが多々あります。

とはいえ、アラウンド50は人生の大きな節目です。これからの時間を考えると、やりたいことがたくさんあっても、実際にできることは、たぶん限られてくるでしょう。その貴重な時間をモノが多すぎるストレスに悩まされ、ムダな探しモノや片づけのために浪費するのは、本当にもったいないと思います。

今回、4組のアラウンド50の方々に、実践のご協力をいただきました。はじめは「まだ使えるから」、「もったいない」と、処分をためらっていたみなさん。それが次第に、「そ

ういえば、これは自分の趣味じゃなかった」、「いい形で思い出にさよならしよう」と、多すぎるモノや〝過去〟と向き合えるようになりました。楽しそうに片づけに取り組まれる様子を目にして、心からうれしく感じています。そして、多くの方々ができるだけ早く、新しい暮らしへの第一歩を踏み出せることを、心から願っています。

この本は1年半の準備と取材期間をかけて、丁寧につくってきたものです。これから第二の人生を送られる方々にとって、少しでも手助けになったら幸いです。

本書のために一緒に頑張ってくださったライターの浦上さん、編集部の北浦さん、デザイナーの若林さん、ステキな写真を撮っていただいたカメラマンの飯貝さん、木谷さん、奥谷さん、そして、いつも現場を手伝ってくれるインブルームのスタッフに、御礼を申し上げます。

ぜひ、自分を信じて、これからの人生を思いっきり楽しんでください。

お片づけコンシェルジュ　中山真由美

2014年12月

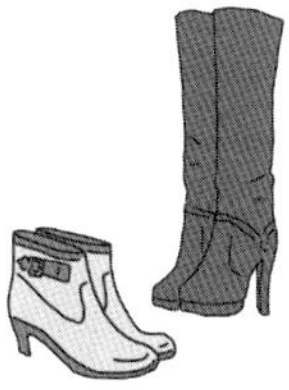

中山真由美（なかやま まゆみ）
インブルーム（株）取締役、整理収納サービス事業部責任者。整理収納アドバイザーとして、個人からマンション・不動産業までの収納コンサルティングや、セミナー講師などを行っている。子供の頃からの「捨てベタ」「しまいベタ」を克服し、今や予約のとれないカリスマ整理収納アドバイザーとして活躍中。『LEE』の特集企画で評判となり、講演・雑誌・テレビなどでも人気講師に。大手住宅メーカーとの間取り開発や、流通業者との収納ラベル開発なども行う。
著書に『心も整う「捨てる」ルールと「しまう」ルール』（集英社）、『増やす男と、捨てない女の片づけ術』（小学館）など。

撮影　飯貝 拓司（p64~72、76~84）　木谷 基一（p44~52、55~62）
　　　奥谷　仁（p86~101、106~113）
装丁・デザイン　若林 貴子
イラスト　石川 ともこ
ヘア＆メイク　太田 美智子
編集・構成　浦上 泰栄

50歳《さい》からのリセット整理術《せいりじゅつ》

発行日　2014年12月10日　第1刷発行
　　　　2015年 6 月15日　第2刷発行

著　者　中山 真由美

発行人　田中　恵
発行所　株式会社　集英社
　　　　〒101-8050　東京都千代田区一ツ橋2-5-10
　　　　（編集部）03(3230)6250
電　話　（販売部）03(3230)6393（書店専用）
　　　　（読者係）03(3230)6080
印刷所　大日本印刷株式会社
製本所　株式会社　ブックアート

 ISBN 978-4-08-333138-1　C2077
定価はカバーに表示してあります。